# Oltre lo Schermo:
# Viaggio nel Metaverso

Dove la Realtà Incontra la Virtualità

*Alan Byte*

Copyright © 2024 di Alan Byte

Tutti i diritti riservati.

Nessuna parte di questo libro può essere riprodotta in qualsiasi forma senza il permesso scritto dell'editore o dell'autore, ad eccezione di quanto consentito dalla legge sul copyright italiana

# Sommario

1. Introduzione al Metaverso .................................................... 5
2. Storia ed Evoluzione del Metaverso .................................... 19
3. Tecnologia del Metaverso ................................................... 34
4. Economia del Metaverso ..................................................... 48
5. Società e Cultura nel Metaverso ......................................... 62
6. Impatto del Metaverso sul Lavoro ...................................... 75
7. Implicazioni Psicologiche del Metaverso ............................ 89
8. Legalità e Regolamentazione nel Metaverso ..................... 103
9. Futuro del Metaverso ........................................................ 117
10. Conclusione e Riflessioni Finali ....................................... 131

# 1. Introduzione al Metaverso

## 1.1 Definizione del metaverso: origini del termine ed evoluzione concettuale

Il metaverso è un termine che ha suscitato un interesse crescente e un certo fascino nell'immaginario collettivo, specie nell'ultima decade. Originariamente coniato da Neal Stephenson nel suo romanzo di fantascienza "Snow Crash" del 1992, il termine "metaverso" descriveva un universo digitale parallelo, accessibile tramite la realtà virtuale, dove gli utenti, rappresentati da avatar, potevano interagire tra loro e con ambienti generati dal computer. Da questa visione originale, il concetto di metaverso ha subito una significativa evoluzione, espandendosi per includere non solo elementi di realtà virtuale, ma anche di realtà aumentata e intelligenza artificiale, configurandosi come un ambiente digitale immersivo che sfuma i confini tra il mondo fisico e quello virtuale.

Nella sua essenza, il metaverso si propone come una realtà alternativa in cui le persone possono vivere, lavorare, giocare e socializzare. Questa definizione, però, è in continua evoluzione. L'avanzamento delle tecnologie di interconnessione e interazione digitale ha permesso di passare da semplici chat room 3D a veri e propri universi paralleli, dove le interazioni sono tanto complesse e ricche quanto quelle del mondo reale. Piattaforme come Second Life, lanciate agli inizi degli anni 2000, hanno anticipato molti dei concetti ora associati al metaverso, offrendo agli utenti la possibilità di creare contenuti, stabilire relazioni sociali e partecipare a un'economia virtuale con la propria valuta.

Il metaverso di oggi va oltre queste prime incarnazioni. Con il miglioramento delle tecnologie VR (realtà virtuale) e AR (realtà aumentata), gli utenti possono esperire un'immersione sempre più profonda e realistica. Le interfacce utente diventano sempre più intuitive e i dispositivi di accesso al metaverso, come visori e guanti haptici, migliorano costantemente in termini di comfort e prestazioni. Questi progressi tecnologici hanno aperto la strada a nuove forme di interazione ed esperienza che erano inimmaginabili solo pochi anni fa.

La popolarità crescente del metaverso è testimoniata anche dal crescente interesse da parte di giganti della tecnologia e del settore dei videogiochi. Aziende come Meta (precedentemente conosciuta come Facebook) e Microsoft stanno investendo miliardi di dollari per sviluppare le proprie versioni del metaverso, vedendolo come il futuro del social networking e della collaborazione online. Questo spostamento verso universi digitali più ricchi e interattivi segna un punto di svolta nella storia della tecnologia, promettendo di rivoluzionare il modo in cui viviamo, lavoriamo e interagiamo.

Tuttavia, mentre ci avviciniamo al punto in cui il metaverso inizia a prendere forma come una piattaforma globale, emergono anche nuove sfide e domande, specialmente in termini di accessibilità, sicurezza e privacy.

## 1.2 Panoramica delle tecnologie che rendono possibile il metaverso (VR, AR, AI)

Come abbiamo visto, il metaverso è un concetto in rapida evoluzione, sostenuto da una serie di tecnologie all'avanguardia. La realtà virtuale (VR), la realtà aumentata (AR) e l'intelligenza artificiale (AI) sono i pilastri su cui si costruisce questo universo digitale immersivo. Ognuna di queste tecnologie contribuisce in modo unico a creare e mantenere spazi in cui gli utenti possono interagire in maniere precedentemente inimmaginabili.

La **realtà virtuale** (VR) è forse la più identificabile tra queste tecnologie quando si pensa al metaverso. Attraverso visori VR come l'Oculus Rift o il HTC Vive, gli utenti possono immergersi completamente in un ambiente digitale che simula la realtà a 360 gradi. Questi dispositivi non solo visualizzano immagini tridimensionali, ma tracciano anche i movimenti della testa e del corpo, permettendo agli utenti di guardarsi intorno, muoversi e interagire con l'ambiente virtuale in modo naturale. Questa immersività crea un senso di presenza che è fondamentale per l'esperienza del metaverso.

Parallelamente, la **realtà aumentata** (AR) sovrappone elementi digitali al mondo reale, arricchendo così l'ambiente circostante senza sostituirlo. Dispositivi come gli HoloLens di Microsoft o gli occhiali AR di Google proiettano immagini e informazioni direttamente nel campo visivo dell'utente, integrando dati virtuali con il mondo fisico. Questa tecnologia ha un enorme potenziale nel metaverso, specialmente in applicazioni professionali e educative, dove la possibilità di visualizzare informazioni aggiuntive può trasformare l'apprendimento e la collaborazione.

L'**intelligenza artificiale** (AI), infine, è ciò che respira vita nel metaverso, rendendolo un ambiente dinamico e reattivo. L'AI è impiegata per gestire ambienti complessi, creare NPC (personaggi non giocabili) che possono interagire con gli utenti e personalizzare le esperienze digitali per singoli utenti. L'intelligenza artificiale aiuta anche a gestire enormi quantità di dati generati dalle interazioni degli utenti, assicurando che il metaverso sia non solo scalabile, ma anche sostenibile e sicuro.

Oltre a queste tecnologie chiave, il progresso nell'hardware di interfaccia utente sta anche spingendo i confini di ciò che è possibile fare nel metaverso. Guanti haptici, tute per la rilevazione del movimento e persino treadmill VR sono solo alcuni esempi di come la tecnologia sta evolvendo per rendere l'esperienza del metaverso più coinvolgente e realistica. Questi dispositivi permettono agli utenti di sentire e manipolare oggetti virtuali, simulando una vasta gamma di sensazioni che aumentano il realismo dell'esperienza.

Il progresso continuo in queste aree tecnologiche non solo migliora l'esperienza del metaverso, ma apre anche la porta a nuove modalità di interazione sociale, professionale e ricreativa.

## 1.3 Principali piattaforme del metaverso attuali e loro caratteristiche distintive

Dopo aver esplorato le tecnologie fondamentali che rendono possibile il metaverso, vale la pena esaminare le principali piattaforme che hanno adottato e stanno plasmando questa visione futuristica. Queste piattaforme variano ampiamente nei loro scopi e nel loro pubblico, ma tutte condividono l'obiettivo di creare un'esperienza immersiva che estende o replica aspetti della realtà fisica.

Una delle piattaforme più riconoscibili del metaverso è **Second Life**. Lanciata nel 2003 da Linden Lab, Second Life è stata una pioniera del concetto di metaverso, permettendo agli utenti di creare avatar, costruire proprietà e interagire in un mondo completamente virtuale. Anche se non utilizza la tecnologia VR nel senso tradizionale, la piattaforma ha introdotto molti alla nozione di vivere e operare in uno spazio digitale persistente. Gli utenti possono partecipare a incontri, concerti, lezioni universitarie e a una vasta gamma di attività sociali, il tutto all'interno del suo universo virtuale.

**VRChat** rappresenta un'altra pietra miliare nel metaverso, con un focus più marcato sull'uso della realtà virtuale. Lanciato nel 2017, VRChat permette agli utenti di incontrarsi, giocare e interagire in ambienti 3D usando visori VR. Ciò che rende VRChat particolarmente interessante è la sua apertura alla creatività degli utenti: chiunque può creare e caricare i propri mondi e avatar, spingendo i limiti dell'identità digitale e dell'espressione personale.

Per quanto riguarda le corporazioni tecnologiche, **Meta Platforms** (precedentemente Facebook) è tra i più grandi sostenitori del metaverso, con il lancio di **Horizon Worlds**. Meta vede il metaverso come il futuro del social networking e della collaborazione online. Horizon Worlds è una piattaforma dove gli utenti possono costruire mondi e interagire in tempo reale attraverso avatar in VR, mirando a un'esperienza più coinvolgente che trasforma il modo in cui le persone si connettono e collaborano.

**Microsoft** ha anche fatto mosse significative nel metaverso, specialmente con il suo ambiente **Microsoft Mesh**. Mesh è progettato per facilitare incontri e collaborazioni in un ambiente misto di realtà aumentata e virtuale, integrando con gli strumenti di produttività di

Microsoft. Questo approccio mira a rivoluzionare il luogo di lavoro, rendendo le riunioni virtuali più interattive e coinvolgenti, con persone e contenuti digitali che si mescolano con il mondo reale.

Queste piattaforme dimostrano come il metaverso stia diventando uno spazio dove si fondono creatività, lavoro e relazioni personali. Mentre queste esperienze virtuali diventano sempre più comuni, il valore economico e sociale del metaverso diventa un argomento di crescente interesse. Il metaverso offre nuove opportunità per il commercio, l'istruzione e l'intrattenimento, portando con sé nuove sfide e opportunità.

## 1.4 Il valore economico e sociale del metaverso: un'introduzione

Il metaverso non è solo un fenomeno tecnologico, ma anche un ambiente ricco di opportunità economiche e sociali che stanno iniziando a essere esplorate e sfruttate. Il valore economico del metaverso è evidenziato dall'enorme investimento di risorse finanziarie, umane e tecnologiche che aziende provenienti da diversi settori stanno impiegando per sviluppare e implementare le loro visioni di questi universi digitali.

Una delle principali attrazioni economiche del metaverso è la creazione di un mercato virtuale dove beni e servizi possono essere venduti e acquistati. In questo spazio digitale, gli utenti possono spendere denaro reale per acquistare terreni virtuali, oggetti d'arte digitale, abbigliamento per avatar e una miriade di altri beni in formato digitale, spesso tramite l'uso di criptovalute o token non fungibili (NFT). Questo apre una nuova frontiera per gli artisti digitali, designer e imprenditori che possono creare e vendere contenuti unici ai consumatori globali senza le barriere tradizionali del commercio fisico.

Parallelamente, il metaverso offre anche nuove opportunità per il marketing e la pubblicità. Le aziende possono creare esperienze di marca immersive, sponsorizzare eventi nel metaverso o addirittura costruire interi parchi a tema virtuali per promuovere i loro prodotti. Questo tipo di marketing, basato sull'esperienza, si sta dimostrando particolarmente efficace nel raggiungere la generazione più giovane, che trascorre una quantità significativa di tempo in ambienti digitali.

Dal punto di vista sociale, il metaverso sta ridefinendo le modalità di interazione tra le persone. Non più limitati dalla geografia, gli utenti del metaverso possono incontrarsi e socializzare in ambienti che trascendono le normali limitazioni fisiche. Questo ha implicazioni profonde per la formazione di comunità e per le relazioni sociali, permettendo alle persone di collegarsi, apprendere e collaborare in modi completamente nuovi. In ambito educativo, per esempio, il metaverso può offrire esperienze di apprendimento immersivo e interattivo che sono difficilmente replicabili in una tradizionale aula scolastica.

Inoltre, il metaverso ha il potenziale di trasformare il mondo del lavoro come lo conosciamo. Con ambienti di lavoro virtuali, le persone possono telelavorare in modi che simulano la presenza fisica in ufficio, superando così alcune delle sfide del telelavoro tradizionale, come la mancanza di interazione faccia a faccia e di collaborazione. Questo può portare a una maggiore flessibilità lavorativa e a una migliore conciliazione tra vita lavorativa e privata, ma solleva anche questioni relative all'equilibrio tra lavoro e tempo libero, dato che il confine tra casa e ufficio diventa sempre più sfumato.

Nel complesso, mentre esploriamo ulteriormente le possibilità economiche e sociali offerte dal metaverso, diventa evidente che questo non è solo un luogo di fuga dalla realtà, ma un ambiente che potrebbe influenzare significativamente ogni aspetto della nostra vita. Con l'evoluzione continua del metaverso, è importante riflettere su come queste tecnologie possono essere utilizzate in modo responsabile per migliorare la società e non solo come un mezzo per generare profitto.

## 1.5 Obiettivi del libro e cosa si può aspettare il lettore nel corso dei capitoli

Questo libro è stato concepito come una guida per comprendere il metaverso, un concetto che, pur essendo radicato nella tecnologia, influisce profondamente su aspetti sociali, economici e culturali della nostra vita. Gli obiettivi di questa opera sono molteplici e riflettono la complessità e la vastità del fenomeno del metaverso stesso. Ci proponiamo di esplorare non solo come il metaverso sia stato costruito e quali tecnologie lo sostengano, ma anche di indagare il suo impatto attuale e potenziale sul modo in cui viviamo, lavoriamo e interagiamo.

Prima di tutto, il libro mira a fornire una comprensione chiara e accessibile di cosa sia realmente il metaverso. Questa comprensione include, anzitutto, una disamina delle infrastrutture tecnologiche come la realtà virtuale, la realtà aumentata e l'intelligenza artificiale, che sono essenziali per creare esperienze immersive che caratterizzano il metaverso. Attraverso esempi concreti e discussioni dettagliate, cerchiamo di demistificare questi concetti tecnologici, rendendoli accessibili a chiunque sia interessato a questo argomento, indipendentemente dal proprio background tecnico.

In secondo luogo, il libro intende esplorare le applicazioni pratiche del metaverso. Questo include un'analisi di come le aziende e gli individui stiano già utilizzando il metaverso per scopi commerciali, educativi e di intrattenimento. Esamineremo casi di studio specifici che illustrano il successo (e talvolta i fallimenti) delle prime adozioni del metaverso, fornendo una visione realistica delle opportunità e delle sfide che esso presenta.

Un altro obiettivo fondamentale di questo libro è esaminare le implicazioni sociali del metaverso. Come sta cambiando il modo in cui interagiamo socialmente? Quali sono le implicazioni per la nostra identità personale e collettiva quando parte delle nostre vite si svolge in ambienti virtuali? Queste sono solo alcune delle domande cui cercheremo di rispondere, sottolineando sia le potenzialità positive che le possibili conseguenze negative del tempo trascorso nel metaverso.

Inoltre, affronteremo le questioni etiche e le sfide normative sollevate dal metaverso. Dalla privacy e sicurezza dei dati alla governance di nuovi spazi virtuali, il libro si propone di fornire un'analisi approfondita delle normative esistenti e di quelle che potrebbero essere necessarie in futuro per gestire i complessi problemi che emergono in questi spazi digitali condivisi.

Infine, il libro non solo informerà, ma ispirerà anche il lettore a riflettere criticamente su cosa significa "essere presenti" in un'era digitale. Con una prospettiva equilibrata e critica, miriamo a spingere i lettori a considerare come il metaverso possa essere utilizzato per migliorare la società, piuttosto che, semplicemente, come un nuovo territorio per il progresso tecnologico o il profitto commerciale.

Attraverso il corso di questo libro, intendiamo guidare i lettori in un viaggio che parte dalle fondamenta tecnologiche del metaverso e si estende fino alle sue più ampie implicazioni culturali e sociali, preparando il terreno per un'esplorazione approfondita nei capitoli successivi. Con ogni capitolo, il lettore acquisirà una maggiore comprensione di come il metaverso stia già modellando il nostro mondo e come potrebbe continuare a farlo in futuro.

# 2. Storia ed Evoluzione del Metaverso

## 2.1 Le radici storiche del metaverso: dalla narrativa alla realtà

Nel tracciare le radici storiche del metaverso, è fondamentale riconoscere come la sua nascita non sia il frutto di una singola invenzione tecnologica, ma piuttosto il risultato di una serie di evoluzioni nel campo della narrazione, della tecnologia e della cultura digitale. Il concetto di un mondo parallelo digitale è stato per la prima volta immaginato e descritto in dettaglio nella letteratura di fantascienza.

Il termine "metaverso" è stato coniato da Neal Stephenson nel suo romanzo del 1992, "Snow Crash", dove descriveva una realtà virtuale abitata da avatar che rappresentavano gli utenti in un mondo parallelo. Questa visione ha influenzato non solo la letteratura successiva, ma anche il modo in cui gli sviluppatori e gli imprenditori hanno iniziato a concepire e costruire le prime piattaforme di realtà virtuale. Tuttavia, l'idea di realtà virtuali esisteva ben prima di Stephenson. Autori come William Gibson con "Neuromante" (1984) avevano già introdotto l'idea di un "cyberspazio" – un termine usato per descrivere un vasto ambiente digitale interattivo, che ha anticipato molti aspetti del moderno metaverso.

Parallelamente alla narrativa, nei primi anni '80 e '90, le prime implementazioni pratiche di ambienti digitali iniziarono a prendere forma. Giochi come "Habitat" di Lucasfilm Games, lanciato nel 1986, rappresentavano i primi esempi di mondi virtuali persistenti dove gli utenti potevano interagire tramite avatar. Anche se primitivi rispetto agli standard odierni, questi giochi hanno posto le basi per la comprensione di cosa potrebbe essere un metaverso, dimostrando l'interesse e il potenziale per ambienti digitali interattivi e sociali.

Negli anni successivi, l'avvento di Internet e la diffusione dei computer personali hanno accelerato lo sviluppo di ambienti virtuali più sofisticati. La tecnologia necessaria per creare mondi digitali immersivi e interattivi è diventata sempre più accessibile. Questo ha permesso a una più ampia gamma di creatori di esplorare e sperimentare con nuove forme di interazione virtuale. Man mano che la grafica computerizzata migliorava e le connessioni internet diventavano più veloci e più stabili, le esperienze offerte da questi mondi virtuali diventavano sempre più ricche e coinvolgenti.

Questa evoluzione tecnologica ha coinciso con un cambiamento nelle percezioni culturali riguardo al tempo trascorso online. Ciò che una volta era considerato un passatempo marginale o un'attività per "nerd" è gradualmente diventato una parte integrante della vita quotidiana per milioni di persone. Questo cambiamento ha portato a una maggiore accettazione sociale dei mondi virtuali come spazi legittimi per l'arte, il commercio, l'istruzione e persino le relazioni personali.

Questo percorso storico del metaverso, dalle sue radici nella fantascienza fino alla realizzazione pratica nei giochi e nelle piattaforme online, è fondamentale per comprendere come le innovazioni precedenti abbiano plasmato le tecnologie che esamineremo nel prossimo punto. Analizzeremo come specifici avanzamenti tecnologici, come la grafica 3D e la realtà aumentata, abbiano trasformato le primitive interazioni digitali in esperienze immersive che oggi definiamo metaverso.

## 2.2 Milestones tecnologici: dagli ambienti 3D agli ologrammi

Dopo aver tracciato il percorso storico del metaverso dalle sue radici letterarie e culturali, è fondamentale esplorare i progressi tecnologici che hanno reso possibile la transizione da concetti teorici ad una realtà virtuale concreta e interattiva. I milestones tecnologici in questo campo non sono soltanto evoluzioni hardware o software, ma veri e propri balzi in avanti che hanno espanso le nostre capacità di creare e interagire in mondi digitali.

Uno dei primi e più significativi avanzamenti tecnologici nel contesto del metaverso è stata l'introduzione della grafica 3D. La capacità di rappresentare spazi in tre dimensioni su schermi bidimensionali ha rivoluzionato il modo in cui gli utenti percepiscono e interagiscono con gli ambienti virtuali. Questa tecnologia, originariamente sviluppata per il cinema e i videogiochi negli anni '80 e '90, ha fornito la base visiva per ambienti più immersivi e convincenti. La grafica 3D ha reso possibili esperienze come i tour virtuali di edifici e città, i giochi di ruolo online massivamente multiplayer (MMORPG) e le simulazioni di formazione per varie professioni.

Con l'avanzare della tecnologia grafica, sono stati fatti progressi anche nell'ambito degli input e degli output degli utenti. I dispositivi di interfaccia utente, come mouse e tastiere, sono stati affiancati e in alcuni casi sostituiti da dispositivi più intuitivi come joystick, controller di movimento e, più recentemente, visori per la realtà virtuale e guanti haptici. Questi dispositivi hanno permesso agli utenti di muoversi e agire in un ambiente virtuale in modo più naturale e diretto, migliorando l'immersività delle interazioni digitali.

Un altro salto tecnologico significativo è stato lo sviluppo di algoritmi di intelligenza artificiale più sofisticati, che hanno permesso la creazione di NPC (Non-Player Characters) che possono interagire in modi credibili con gli utenti. L'IA ha reso i mondi virtuali non solo luoghi da esplorare, ma anche spazi dinamici dove gli utenti possono sperimentare interazioni sociali complesse, risolvere problemi e imparare in modi che imitano le interazioni del mondo reale.

L'integrazione della realtà aumentata (AR) ha rappresentato un altro passo avanti cruciale. A differenza della VR, che sostituisce completamente l'ambiente visivo dell'utente con uno digitale, l'AR sovrappone informazioni virtuali al mondo reale, arricchendo l'esperienza senza distogliere l'utente dalla sua realtà fisica. Questo ha enormi implicazioni non solo per il gioco e l'intrattenimento, ma anche per applicazioni pratiche come la manutenzione, la medicina e l'istruzione, dove le informazioni possono essere presentate in modo visivo direttamente nel contesto in cui sono necessarie.

Infine, la proliferazione delle reti a banda larga e la connettività mobile hanno garantito che queste esperienze digitali avanzate siano accessibili a un pubblico molto più ampio. La disponibilità di internet ad alta velocità ha permesso interazioni in tempo reale tra utenti da diverse parti del mondo, trasformando il metaverso da una nicchia tecnologica a una piattaforma globale di comunicazione e interazione.

Esaminando questi sviluppi, possiamo vedere come il metaverso sia stato plasmato non solo dall'evoluzione delle idee, ma anche da concreti progressi tecnologici. Nel prossimo punto, ci addentreremo nel ruolo dei giochi online come precursori del metaverso, esplorando come abbiano anticipato molte delle funzionalità che oggi consideriamo fondamentali in questi ambienti digitali.

## 2.3 I giochi online e il loro ruolo nel prefigurare il metaverso

I giochi online, in particolare i giochi di ruolo online massivamente multiplayer (MMORPG), come "World of Warcraft" o "Eve Online", hanno introdotto concetti che sono fondamentali nel metaverso, come l'identità persistente degli avatar, le economie virtuali e le interazioni sociali complesse in ambienti digitali. Questi giochi hanno creato universi paralleli in cui gli utenti possono immergersi per ore, interagendo non solo con il sistema di gioco, ma anche l'uno con l'altro, stabilendo relazioni che possono trasferirsi anche fuori dal contesto ludico.

Gli MMORPG hanno dimostrato che le persone sono disposte a spendere risorse significative, sia in termini di tempo sia economici, in attività che si svolgono completamente all'interno di spazi virtuali. Questi giochi hanno sviluppato sistemi economici interni dove gli oggetti possono essere acquistati, scambiati e venduti per valuta reale o virtuale, anticipando le dinamiche economiche che vediamo oggi nel metaverso. La capacità di queste economie virtuali di influenzare l'economia reale ha evidenziato il potenziale del metaverso come spazio non solo per il divertimento, ma anche per affari seri.

Inoltre, i giochi online hanno spesso offerto agli utenti la possibilità di modellare e modificare i loro ambienti, dando vita a comunità di creatori che possono progettare e costruire i propri spazi all'interno del gioco. Questa democratizzazione della creazione di contenuti è stata fondamentale per lo sviluppo del concetto di metaverso, dove gli utenti non sono solo consumatori di contenuti, ma anche creatori attivi degli stessi.

Dal punto di vista sociale, i giochi online hanno introdotto la possibilità di formare legami profondi con persone di tutto il mondo, indipendentemente dalla distanza geografica. Comunità di giocatori hanno spesso trasceso il gioco stesso, con utenti che partecipano a eventi dal vivo, creando contenuti insieme o supportandosi a vicenda in periodi di difficoltà. Questo aspetto sociale è un pilastro del metaverso, che mira a creare connessioni umane significative attraverso interazioni digitali.

Infine, la complessità dei giochi online, con le loro regole, missioni e narrazioni, ha preparato gli utenti a esperienze immersive e coinvolgenti che richiedono un pensiero strategico e collaborativo. Le abilità sviluppate in questi giochi sono direttamente trasferibili al metaverso, dove le interazioni possono essere ancora più complesse e le conseguenze delle decisioni degli utenti possono avere un impatto più ampio.

Questi giochi non solo hanno introdotto gli utenti a molte delle funzionalità che oggi consideriamo standard nel metaverso, ma hanno anche sollevato questioni importanti riguardo l'impatto sociale della vita online. Nel punto successivo, esploreremo come i social media abbiano influenzato la cultura del metaverso, ampliando ulteriormente le nostre connessioni virtuali e preparando il terreno per un ambiente digitale sempre più integrato nella nostra vita quotidiana.

## 2.4 L'influenza dei social media nella formazione della cultura del metaverso

Il ruolo dei social media nell'evoluzione del metaverso è fondamentale per comprendere come questi spazi virtuali siano diventati centrali nella nostra cultura. I social media hanno cambiato radicalmente il modo in cui comunichiamo, condividiamo informazioni e interagiamo a livello globale. Queste piattaforme hanno aperto la strada alla cultura del metaverso, fornendo le basi per l'interazione sociale che si sviluppa nei mondi virtuali.

Prima dell'avvento del metaverso come lo conosciamo oggi, i social media avevano già iniziato a trasformare il concetto di presenza e interazione. Con Facebook, Twitter, Instagram e altre piattaforme, gli utenti potevano mantenere connessioni sociali attraverso spazi digitali, scambiando messaggi, foto, video e altro ancora in tempo reale. Questa capacità di connessione globale e immediata ha messo in luce il potenziale di un ulteriore livello di immersione digitale, uno spazio dove non solo si condividono contenuti, ma si possono anche vivere esperienze condivise.

I social media hanno anche introdotto la nozione di identità digitale, permettendo agli utenti di costruire e curare le proprie immagini online. Questa gestione dell'identità virtuale è diventata ancora più sofisticata nel metaverso, dove gli avatar possono rappresentare gli utenti in forme più complesse e dettagliate. Le interazioni in questi mondi virtuali non si limitano a scambi di testo o media, ma includono espressioni, gesti e altre forme di comunicazione non verbale o para verbale, arricchendo significativamente la dimensione sociale dell'esperienza online.

Inoltre, i social media hanno dimostrato come le piattaforme digitali possano essere utilizzate non solo per il divertimento personale, ma anche per scopi professionali, educativi e informativi. Molti educatori, ad esempio, utilizzano i social media per arricchire l'esperienza di apprendimento, estendendo le discussioni in classe a forum online dove gli studenti possono interagire e collaborare. Questo approccio è ulteriormente espanso nel metaverso, dove le possibilità di apprendimento immersivo e la simulazione di ambienti educativi offrono nuove opportunità pedagogiche.

Un altro aspetto importante introdotto dai social media è la capacità di influenzare e mobilitare. Le campagne su questi canali possono raggiungere e coinvolgere rapidamente vasti pubblici, spingendo le persone a partecipare a cause sociali, eventi e discussioni. Questo potenziale di mobilitazione è trasferito e amplificato nel metaverso, dove gli utenti possono radunarsi in grandi numeri per eventi virtuali, proteste o incontri sociali, superando le barriere fisiche che potrebbero limitare tali riunioni nel mondo reale.

Inoltre, i social media hanno contribuito a sperimentare con le cosiddette economie virtuali. La promozione e la vendita di prodotti tramite piattaforme social sono diventate prassi comune e questo modello economico è stato adattato ed espanso nel metaverso, dove gli utenti possono creare, vendere e acquistare beni e servizi virtuali con valute reali o digitali.

Man mano che esploriamo come il metaverso continui a evolversi, è chiaro che l'influenza dei social media ha preparato il terreno per un'interazione ancora più profonda e significativa nel digitale.

## 2.5 Prospettive future: verso quali innovazioni stiamo andando?

Guardando avanti verso il futuro del metaverso, è essenziale considerare le tendenze emergenti e le potenziali innovazioni tecnologiche che potrebbero plasmare ulteriormente questa realtà digitale. La rapida evoluzione della tecnologia e la crescente integrazione del metaverso nella vita quotidiana suggeriscono un futuro in cui questi ambienti virtuali diventeranno ancora più immersivi, interattivi e indistinguibili dal mondo reale.

Una delle tendenze più promettenti è il miglioramento continuo della realtà virtuale e aumentata. Con il progredire della tecnologia VR, possiamo aspettarci visori più leggeri, meno ingombranti e dotati di una risoluzione più alta, che offriranno un'esperienza visiva ancora più realistica. Inoltre, l'evoluzione dell'AR integrerà senza soluzione di continuità elementi virtuali con il mondo fisico, ampliando le possibilità di utilizzo quotidiano del metaverso, dalla navigazione stradale all'arredo di interni, fino all'istruzione e alla formazione professionale.

L'intelligenza artificiale giocherà un ruolo cruciale nel futuro del metaverso, rendendo gli ambienti virtuali più reattivi e personalizzati. Gli algoritmi di AI saranno sempre più capaci di apprendere dalle interazioni degli utenti, adattando dinamicamente gli scenari virtuali alle preferenze e ai comportamenti individuali. Questo non solo migliorerà l'esperienza utente, ma potrà anche portare allo sviluppo di assistenti virtuali avanzati, capaci di guidare, insegnare o persino offrire compagnia in modo convincente e utile.

Un altro aspetto significativo del futuro del metaverso riguarda la sicurezza e la privacy. Man mano che questi spazi digitali diventano luoghi per affari, socializzazione e apprendimento, la protezione dei dati personali e la sicurezza delle transazioni online diventeranno ancora più critiche. Saranno necessarie tecnologie avanzate di crittografia e protocolli di sicurezza robusti per proteggere gli utenti e mantenere la loro fiducia.

Inoltre, il metaverso è destinato a diventare una piattaforma ancora più globale, superando le barriere linguistiche e culturali. La tecnologia di traduzione automatica e di realtà aumentata potrà eliminare gli ostacoli della comunicazione, permettendo una collaborazione e un'interazione senza precedenti tra persone di diverse parti del mondo. Questo avrà un impatto profondo su come percepiamo e interagiamo con culture diverse dalla nostra, potenzialmente portando a una maggiore comprensione e tolleranza globale.

Infine, il futuro del metaverso potrebbe anche vedere una fusione tra il mondo fisico e quello digitale attraverso l'uso di tecnologie avanzate come i sensori IoT (Internet of Things), che permetteranno agli oggetti fisici di interagire con ambienti virtuali. Questo potrebbe portare a nuove forme di esperienze immersive, dove le azioni nel mondo reale possono avere immediati corrispettivi effetti nel mondo virtuale.

Con queste prospettive future, il metaverso sta configurandosi come una piattaforma rivoluzionaria che potrebbe cambiare radicalmente il modo in cui viviamo, lavoriamo e interagiamo. Nel corso del libro, continueremo a esplorare come queste innovazioni possano essere utilizzate per migliorare la società, facendo del metaverso uno spazio non solo per l'innovazione tecnologica, ma anche per il progresso sociale e culturale.

# 3. Tecnologia del Metaverso

## 3.1 Hardware necessario per l'accesso al metaverso: visori VR, sensori di movimento

Nel contesto del metaverso, l'hardware necessario per accedere a questi ambienti digitali immersivi è di fondamentale importanza. Questi dispositivi non solo permettono agli utenti di entrare e interagire all'interno del metaverso, ma definiscono anche la qualità e il realismo dell'esperienza. Analizziamo i principali dispositivi di hardware utilizzati e le loro caratteristiche.

I visori VR (realtà virtuale) sono forse gli strumenti più riconoscibili associati all'accesso al metaverso. Progettati per immergere completamente l'utente in un ambiente digitale, i visori VR coprono completamente gli occhi, presentando un display per ogni occhio, che crea un effetto stereoscopico per dare profondità e realismo alle immagini. Questi dispositivi includono sensori di movimento che tracciano l'orientamento e la posizione della testa, permettendo agli utenti di guardarsi intorno nel mondo virtuale semplicemente muovendo la testa. Alcuni modelli avanzati includono anche il tracciamento degli occhi e delle espressioni facciali, migliorando l'interattività e la connessione emotiva con l'ambiente virtuale.

Oltre ai visori, i sensori di movimento sono cruciali per una completa interazione nel metaverso. Questi dispositivi possono essere indossati sul corpo o integrati nell'ambiente circostante dell'utente. Tracciano i movimenti delle mani, dei piedi e del corpo intero, traducendo queste azioni fisiche in movimenti all'interno del metaverso. Questo permette un'ampia gamma di attività, dalla semplice esplorazione di spazi virtuali al coinvolgimento in complesse interazioni sociali o professionali.

I controller di movimento sono un'altra componente essenziale dell'hardware per il metaverso. Spesso utilizzati insieme ai visori VR, questi dispositivi permettono agli utenti di interagire con l'ambiente virtuale in modo più naturale e intuitivo. I controller possono avere vari gradi di complessità, dai semplici pulsanti ai sofisticati sistemi con feedback aptico, che forniscono un riscontro tattile all'utente, simulando il tocco di oggetti virtuali.

Un'altra innovazione significativa nell'hardware del metaverso è rappresentata dai guanti haptici. Questi guanti migliorano l'interazione virtuale, permettendo agli utenti di "sentire" gli oggetti nel metaverso attraverso vibrazioni e movimenti controllati. Questo non solo aumenta l'immersione, ma apre anche nuove possibilità per l'addestramento professionale e l'educazione, dove il senso del tatto può essere cruciale per apprendere nuove competenze.

Infine, le piattaforme di movimento come i treadmill VR offrono un ulteriore livello di immersione. Questi dispositivi permettono agli utenti di camminare o correre in un ambiente fisico limitato mentre esplorano vasti mondi virtuali, migliorando sia l'esperienza fisica sia quella visiva del metaverso.

Questo insieme di tecnologie hardware non solo rende possibile l'immersione nel metaverso, ma spinge continuamente i limiti di ciò che è possibile in questi ambienti virtuali. Nel prossimo segmento, esamineremo il software che anima questi dispositivi, creando mondi in cui gli utenti possono esplorare, lavorare, socializzare e molto altro, con un'enfasi particolare sulle piattaforme, sui motori di rendering e sull'interoperabilità tra diversi sistemi del metaverso.

## 3.2 Software: piattaforme, motori di rendering e interoperabilità

Dopo aver esplorato l'hardware che facilita l'accesso e l'interazione nel metaverso, è essenziale esaminare il software che anima questi mondi digitali, rendendoli luoghi dinamici e funzionali per una vasta gamma di attività. Il software del metaverso comprende piattaforme, motori di rendering e sistemi per garantire l'interoperabilità, elementi tutti cruciali per creare un'esperienza utente coinvolgente e fluida.

Le **piattaforme del metaverso** sono i fondamenti software su cui gli utenti costruiscono, interagiscono e vivono esperienze virtuali. Queste piattaforme variano grandemente nelle loro funzionalità e nel loro target di pubblico, ma condividono l'obiettivo comune di fornire un ambiente sicuro, stabile e interattivo. Alcune piattaforme, come VRChat o Roblox, sono orientate principalmente al social e all'intrattenimento, offrendo agli utenti gli strumenti per creare e condividere i propri mondi. Altre, come Microsoft Mesh, sono progettate per applicazioni professionali, facilitando la collaborazione a distanza e l'integrazione con altri strumenti di produttività.

Un componente essenziale di queste piattaforme è il motore di rendering, il software che genera le immagini visive dai dati del modello 3D. **Motori di rendering** avanzati come Unity o Unreal Engine permettono ai creatori del metaverso di costruire mondi dettagliati e visivamente impressionanti. Questi motori sono dotati di capacità di fisica realistica, illuminazione avanzata e supporto per effetti complessi, che sono vitali per creare un'esperienza immersiva che può essere difficile distinguere dalla realtà. La scelta del motore di rendering può avere un impatto significativo sulle performance e sulla qualità visiva del metaverso, influenzando così l'esperienza dell'utente finale.

L'**interoperabilità** tra diverse piattaforme del metaverso è un altro aspetto cruciale del software. Mentre il metaverso continua a espandersi, la capacità degli utenti di spostarsi senza problemi da un mondo virtuale all'altro diventa sempre più importante. L'interoperabilità richiede standardizzazione nei formati di dati, protocolli di comunicazione e API, permettendo così un'esperienza più fluida e coesa. Gli sforzi di standardizzazione, come quelli promossi da organizzazioni come la Virtual Reality Modeling Language (VRML) e altre iniziative più recenti, mirano a creare un ecosistema più connesso e accessibile.

Questo insieme di software non solo supporta l'infrastruttura visiva e interattiva del metaverso, ma funge anche da ponte tra le complesse tecnologie hardware e le esigenze degli utenti finali. Le piattaforme devono essere in grado di gestire una vasta quantità di dati in tempo reale, garantendo che le interazioni degli utenti siano fluide e naturali, nonostante la complessità degli ambienti virtuali.

Nel prossimo segmento, esamineremo più da vicino l'importanza delle infrastrutture di rete, come la banda larga, essenziali per supportare la trasmissione di grandi quantità di dati richiesti dal metaverso.

## 3.3 L'importanza della banda larga e delle infrastrutture di rete

Dopo aver esplorato le piattaforme del metaverso e i loro motori di rendering, è essenziale considerare l'importanza delle infrastrutture di rete, in particolare la banda larga, che gioca un ruolo cruciale nel supportare le ricche esperienze digitali del metaverso. Queste infrastrutture non solo permettono il trasferimento fluido e veloce dei dati, ma sono anche vitali per mantenere l'interattività e l'immersione che caratterizzano il metaverso.

La banda larga per il metaverso deve essere eccezionalmente robusta e affidabile, dato che gli ambienti virtuali richiedono una quantità significativa di dati per essere trasmessi in tempo reale. Questi dati non comprendono solo le informazioni visive e audio, ma anche quelle relative a interazioni complesse tra utenti e oggetti virtuali. Un ritardo, noto come latenza, nelle comunicazioni può rovinare l'esperienza, rendendo gli ambienti meno reattivi e quindi meno realistici. La capacità di trasmettere dati ad alta velocità è quindi fondamentale per ridurre la latenza e garantire che l'esperienza dell'utente sia fluida e coinvolgente.

Le infrastrutture di rete devono anche essere capaci di gestire il carico di traffico generato da numerosi utenti che accedono contemporaneamente al metaverso. Questo è particolarmente rilevante in eventi virtuali di grande scala, come concerti, conferenze o incontri sociali, dove migliaia di utenti possono partecipare simultaneamente. La scalabilità della rete è quindi un requisito essenziale per il successo del metaverso, poiché assicura che il sistema possa adattarsi a un numero crescente di utenti senza degradare la qualità dell'esperienza.

Oltre alla banda larga, altre tecnologie di rete come il 5G giocano un ruolo importante nell'evoluzione del metaverso. Il 5G offre velocità di trasmissione dati superiori e una latenza molto ridotta rispetto alle tecnologie precedenti, elementi che sono essenziali per migliorare le interazioni in tempo reale nel metaverso. Questa tecnologia è particolarmente significativa per gli utenti che accedono al metaverso tramite dispositivi mobili, poiché permette una connettività veloce e affidabile anche in movimento.

Inoltre, le reti edge computing contribuiscono a ottimizzare le prestazioni del metaverso. Processando i dati vicino alla fonte piuttosto che in data center remoti, l'edge computing riduce la latenza e migliora la velocità di elaborazione. Questo è vitale per applicazioni del metaverso che richiedono risposte in tempo reale a input degli utenti, come la navigazione in ambienti virtuali complessi o la gestione di interazioni sociali dinamiche.

Tuttavia, nonostante l'importanza delle infrastrutture di rete, sorgono preoccupazioni legate alla sicurezza e alla privacy degli utenti, temi che tratteremo nel prossimo segmento. Man mano che il metaverso diventa una componente sempre più integrata della nostra vita quotidiana, garantire la sicurezza delle informazioni trasmesse e la protezione della privacy degli utenti diventa imperativo. Esploreremo le misure di sicurezza informatica necessarie per proteggere i dati nel metaverso, assicurando che gli utenti possano muoversi in questi ambienti digitali con fiducia e sicurezza.

## 3.4 Sicurezza informatica nel metaverso: rischi e protezioni

Con l'espansione delle infrastrutture di rete che supportano il metaverso, emergono sfide significative relative alla sicurezza informatica. Man mano che gli ambienti virtuali diventano più pervasivi e complessi diventa essenziale adottare misure di sicurezza robuste per proteggere gli utenti e le loro informazioni da minacce e violazioni.

La sicurezza nel metaverso si concentra su diversi aspetti critici: la protezione dei dati degli utenti, la prevenzione di accessi non autorizzati e la salvaguardia contro le manipolazioni dell'ambiente virtuale. Questi aspetti sono particolarmente rilevanti data la natura personale e spesso sensibile delle interazioni che avvengono all'interno di questi spazi digitali.

**Protezione dei dati degli utenti:** Nel metaverso, gli utenti condividono una vasta gamma di dati personali, che possono includere dettagli biometrici (come dati relativi al movimento o alle espressioni facciali), informazioni sulla posizione, comunicazioni private e dati finanziari. Queste informazioni devono essere criptate efficacemente per evitare che cadano nelle mani sbagliate. La crittografia end-to-end per le comunicazioni, l'uso di reti private virtuali (VPN) e altre tecnologie di sicurezza avanzate sono essenziali per proteggere i dati trasmessi attraverso le reti.

**Prevenzione di accessi non autorizzati:** Il metaverso, come qualsiasi altro sistema informatico, è suscettibile ad attacchi che possono permettere a malintenzionati di accedere a spazi non autorizzati o di assumere il controllo degli avatar altrui. È fondamentale implementare sistemi di autenticazione forte, come l'autenticazione a due fattori, per garantire che solo gli utenti autorizzati possano accedere ai loro account e ai loro dati. Inoltre, la gestione delle identità e degli accessi deve essere gestita con precisione per controllare chi può accedere a quali aree e informazioni all'interno del metaverso.

**Salvaguardia contro le manipolazioni dell'ambiente virtuale:** In un mondo dove la realtà può essere progettata e modificata digitalmente, esiste il rischio di manipolazioni che possono alterare l'esperienza degli utenti o causare danni. I sistemi di monitoraggio e di rilevamento delle anomalie sono cruciali per identificare e mitigare rapidamente qualsiasi attività sospetta o dannosa. Questo include il rilevamento di modifiche non autorizzate all'ambiente virtuale o attacchi che possono interrompere le operazioni normali del metaverso.

Data la complessità del metaverso, collaborazioni tra sviluppatori di software, esperti di sicurezza e autorità regolatorie sono essenziali per stabilire norme e standard di sicurezza adeguati. Questo include l'aggiornamento costante delle misure di sicurezza per tenere il passo con le nuove minacce veicolate dall'avvento delle nuove tecnologie.

## 3.5 L'IA nel metaverso: personalizzazione e assistenza automatica

Nel metaverso, l'intelligenza artificiale (AI) svolge un ruolo cruciale, influenzando notevolmente come gli utenti interagiscono e vivono queste esperienze digitali. L'AI non solo migliora la personalizzazione e l'automazione all'interno del metaverso, ma aiuta anche a gestire e moderare ambienti complessi, rendendo le interazioni più sicure e più piacevoli. Esploriamo in dettaglio come l'AI è impiegata nel metaverso e quali implicazioni può avere.

**Personalizzazione delle esperienze:** Una delle applicazioni più evidenti dell'AI nel metaverso è la capacità di personalizzare l'esperienza di ogni utente. Attraverso algoritmi di apprendimento automatico, il metaverso può adattarsi alle preferenze individuali, modificando dinamicamente scenari, sfide e interazioni in base alle azioni passate e ai feedback degli utenti. Questo livello di personalizzazione aumenta l'engagement degli utenti, rendendo ogni sessione unica e personalmente rilevante.

**Assistenza automatizzata:** L'AI può agire come un assistente virtuale all'interno del metaverso, guidando gli utenti attraverso interfacce complesse o aiutandoli a completare compiti specifici. Questi assistenti AI possono rispondere a domande, fornire raccomandazioni e facilitare interazioni, rendendo il metaverso più accessibile, specialmente per i nuovi utenti che potrebbero sentirsi sopraffatti dalla vastità e complessità dell'ambiente digitale.

**Moderazione e sicurezza:** Una delle sfide più significative all'interno del metaverso è garantire che le interazioni rimangano positive e che gli ambienti siano sicuri da comportamenti inappropriati o dannosi. L'AI può essere impiegata per monitorare continuamente le interazioni tra utenti, identificando e intervenendo in caso di comportamenti che violano le norme della comunità. Attraverso il riconoscimento di pattern e l'apprendimento continuo, l'AI può rilevare automaticamente contenuti o comportamenti inappropriati o problematici, come l'uso di linguaggio offensivo o molestie, e può prendere misure correttive, come allertare i moderatori umani o limitare temporaneamente le capacità di interazione degli utenti coinvolti.

**Simulazioni e NPC:** L'intelligenza artificiale nel metaverso è fondamentale anche per creare NPC (personaggi non giocabili) che agiscono e reagiscono in modi che emulano comportamenti umani realistici. Questi NPC possono svolgere ruoli vari, dall'insegnante virtuale al compagno di avventure, offrendo interazioni che arricchiscono l'esperienza globale nel metaverso. L'AI può anche essere utilizzata per simulare scenari complessi, aiutando gli utenti a esplorare situazioni ipotetiche o storiche con un alto grado di realismo.

**Gestione dei dati**: Con milioni di interazioni che si verificano simultaneamente, il metaverso genera enormi volumi di dati. L'AI gioca un ruolo essenziale nell'analizzare questi dati, ottimizzando il funzionamento del sistema e migliorando continuamente l'esperienza degli utenti basandosi su insights derivati dall'analisi dei dati.

Mentre ci muoviamo verso i capitoli successivi, continueremo a esplorare come l'integrazione dell'AI nel metaverso non sollevi solo possibilità innovative, ma anche questioni etiche significative. È vitale che mentre l'AI continua a evolversi e a espandersi nelle sue capacità, vengano considerate le implicazioni per la privacy e l'autonomia degli utenti, garantendo che il metaverso rimanga uno spazio equo e sicuro per tutti.

# 4. Economia del Metaverso

## 4.1 Modelli di business nel metaverso: da cosa deriva il valore

Nel metaverso, l'architettura economica si basa su una varietà di modelli di business che si evolvono continuamente per adattarsi a questo ambiente digitale in rapida espansione. Questi modelli sfruttano la tecnologia innovativa e l'interattività unica del metaverso per creare valore sia per gli utenti che per gli imprenditori.

Uno degli aspetti centrali dell'economia del metaverso è la creazione e la vendita di beni virtuali. Gli utenti possono disegnare, sviluppare e commercializzare una vasta gamma di prodotti digitali, come abbigliamento per avatar, accessori e perfino immobili virtuali. Questi beni sono spesso trattati con lo stesso valore percepito dei beni fisici nel mondo reale, poiché offrono un'opportunità per l'espressione personale e l'identità all'interno del metaverso. Le piattaforme che ospitano questi scambi incoraggiano una vibrante economia creativa, permettendo agli utenti di monetizzare le loro abilità e creatività in modi che non sarebbero possibili nel mondo fisico.

Inoltre, l'esperienza del metaverso offre nuove frontiere per il marketing e la pubblicità. Le aziende possono creare esperienze di marca immersive che vanno oltre i tradizionali spot pubblicitari, coinvolgendo gli utenti in attività che promuovono una connessione più profonda con il marchio. Queste esperienze possono variare da eventi virtuali esclusivi a giochi interattivi che aiutano a costruire la fedeltà del cliente e a incrementare la visibilità del marchio in un contesto competitivo.

Un altro pilastro dell'economia del metaverso è rappresentato dai servizi di esperienza, come tour virtuali, istruzione e formazione professionale. Le istituzioni educative e le aziende possono utilizzare il metaverso per offrire corsi e simulazioni che sono sia più accessibili che più coinvolgenti rispetto alle opzioni tradizionali. Questo non solo amplia le possibilità di apprendimento, ma apre anche la porta a nuovi modelli di business basati sulla formazione continua e sullo sviluppo delle competenze.

Infine, l'economia del metaverso è strettamente intrecciata con le tecnologie emergenti come le criptovalute e i blockchain, che forniscono una base per transazioni sicure e trasparenti. Questa infrastruttura digitale è fondamentale per sostenere un mercato globale dove gli utenti possono fare affari senza preoccuparsi delle barriere geografiche o della convertibilità della valuta.

Mentre l'economia del metaverso continua a maturare, diventa chiaro che le opportunità per gli imprenditori e per gli utenti sono tanto ampie quanto lo è il potenziale di innovazione. Questo ambiente digitale offre un nuovo scenario in cui il valore può essere creato e scambiato in modi che sfidano le nostre concezioni tradizionali di economia e commercio. Nel prossimo segmento, esploreremo più a fondo il ruolo delle criptovalute e dei token non fungibili (NFT) in questo contesto economico emergente, evidenziando come queste tecnologie stiano plasmando nuove forme di valore e proprietà nel metaverso.

## 4.2 Il ruolo delle criptovalute e dei token non fungibili (NFT)

Nell'ambito economico del metaverso, le criptovalute e i token non fungibili (NFT) rappresentano una rivoluzione significativa, modificando le modalità con cui si concepiscono la proprietà e la transazione di beni digitali. Queste tecnologie blockchain non solo supportano le transazioni economiche, ma stabiliscono anche un nuovo livello di sicurezza e tracciabilità, elementi cruciali in un ambiente dove la fiducia digitale è fondamentale.

Le criptovalute, quali Bitcoin ed Ethereum, offrono un mezzo di scambio decentralizzato e sicuro, ideale per un ambiente globale e interconnesso come il metaverso. L'uso di criptovalute nel metaverso elimina la necessità di intermediari finanziari tradizionali, permettendo transazioni dirette tra utenti, indipendentemente dalla loro ubicazione geografica. Questo non solo riduce i costi di transazione, ma accelera anche i processi di acquisto e vendita, essenziali in un mercato dinamico e rapidamente in evoluzione.

Parallelamente, i token non fungibili (NFT) stanno trasformando il concetto di proprietà digitale. A differenza delle criptovalute, ogni NFT è unico e non può essere scambiato alla pari con un altro, rendendolo il mezzo perfetto per rappresentare la proprietà esclusiva di beni virtuali nel metaverso, come opere d'arte digitale, oggetti di collezionismo e persino immobili virtuali. Gli NFT conferiscono un valore tangibile a questi beni digitali, rendendo possibile verificare la loro autenticità e provenienza attraverso la blockchain. Questo ha importanti implicazioni non solo per i collezionisti e gli artisti, ma anche per i creatori di contenuti che possono ora monetizzare le loro creazioni in modi precedentemente inaccessibili.

L'impiego di queste tecnologie nel metaverso ha anche catalizzato l'innovazione in vari settori, spingendo aziende e imprenditori a esplorare nuove modalità di interazione economica e di engagement del cliente. Ad esempio, marchi di moda e di lusso stanno lanciando collezioni esclusive di abbigliamento virtuale sotto forma di NFT, permettendo agli utenti di personalizzare i loro avatar con stili distintivi che portano un prestigio analogo a quello del mondo reale.

Nonostante i benefici, l'introduzione delle criptovalute e degli NFT nel metaverso solleva anche questioni di sostenibilità, regolamentazione e impatto sociale, che devono essere attentamente considerate. Le preoccupazioni ambientali legate al consumo energetico delle blockchain, la volatilità delle valute digitali e le implicazioni legali della proprietà di beni digitali sono temi che necessitano di un dibattito approfondito e di possibili regolamentazioni per assicurare che l'evoluzione economica del metaverso proceda in modo responsabile e inclusivo.

Proseguendo, esploreremo come la proprietà digitale e i diritti d'autore vengano gestiti nel metaverso, evidenziando le sfide e le opportunità che emergono in questo contesto digitale e globalizzato, dove la definizione e la protezione della proprietà intellettuale assumono nuove dimensioni e complessità.

## 4.3 Proprietà digitale e diritti d'autore nel metaverso

Nel metaverso, la questione della proprietà digitale e dei diritti d'autore acquisisce una nuova urgenza e complessità. Con l'ascesa delle tecnologie blockchain e dei token non fungibili (NFT), si è aperto un nuovo capitolo nel modo in cui la proprietà intellettuale viene gestita nel digitale. Queste tecnologie hanno portato alla luce sia nuove opportunità che sfide inedite nel proteggere e valutare il lavoro creativo in ambienti virtuali.

La proprietà digitale nel metaverso, spesso manifestata attraverso la creazione e la vendita di contenuti come abbigliamento virtuale, arte e altri beni digitali, permette agli artisti e ai creatori di mantenere un controllo maggiore sui loro diritti d'autore rispetto al passato. Gli NFT, in particolare, possono essere utilizzati per garantire che la proprietà di un'opera digitale sia chiaramente definita e facilmente verificabile, offrendo agli artisti una maniera per ottenere riconoscimenti e compensi economici diretti per ogni vendita o rivendita dell'opera.

Tuttavia, la gestione dei diritti d'autore nel metaverso non è esente da complicazioni. La riproduzione e la distribuzione di beni digitali possono essere effettuate con estrema facilità, spesso semplicemente copiando e incollando un file. Questo solleva questioni significative sulla pirateria e sulla violazione dei diritti d'autore, che possono essere difficili da monitorare e ancor più ardui da prevenire in un ambiente così vasto e decentralizzato come il metaverso.

Inoltre, la globalità del metaverso introduce ulteriori sfide legali, dato che le leggi sulla proprietà intellettuale variano notevolmente tra differenti paesi. Questo può portare a incertezze legali per i creatori che desiderano proteggere i loro lavori, ma si trovano a muoversi in un labirinto di normative internazionali. In questo contesto, l'esigenza di standard globali o di accordi transnazionali diventa evidente, al fine di offrire una protezione consistente e affidabile dei diritti d'autore nel metaverso.

Queste dinamiche richiedono un rinnovato dialogo tra legislatori, creatori, imprenditori e informatici per esplorare come le leggi esistenti possano essere adattate o nuove leggi possano essere introdotte per affrontare le specificità del metaverso. La cooperazione è essenziale per sviluppare un framework legale che non solo protegga i diritti dei creatori, ma incoraggi anche l'innovazione e la crescita economica in questi nuovi spazi digitali.

Esplorando queste tematiche, il prossimo segmento del libro si dedicherà ad analizzare come aziende e singoli imprenditori stanno affrontando e sfruttando con successo le opportunità economiche offerte dal metaverso, esaminando casi di studio specifici che illustrano sia il successo che le difficoltà incontrate in quest'ambito emergente.

## 4.4 Analisi di aziende che hanno investito con successo nel metaverso

Nel metaverso, aziende di vario tipo stanno scoprendo e sperimentando nuovi modelli di business che sfruttano le uniche possibilità offerte da questa piattaforma digitale. Attraverso l'analisi di casi di studio specifici, possiamo osservare come alcune aziende abbiano trovato modi innovativi per generare valore e connettersi con i loro clienti in modi mai visti prima.

Un esempio emblematico di successo nel metaverso è rappresentato dalle aziende che operano nel settore dell'intrattenimento e dell'abbigliamento virtuale. Queste aziende hanno capitalizzato sulla popolarità degli avatar personalizzabili, creando e vendendo abbigliamento e accessori digitali che gli utenti possono acquistare per i loro avatar. Questo non solo ha aperto una nuova fonte di reddito per i designer e i marchi, ma ha anche creato un nuovo strato di interazione tra la marca e il consumatore, dove l'identità digitale e l'espressione personale giocano un ruolo centrale.

Un altro settore che ha visto un successo significativo nel metaverso è quello dell'immobiliare virtuale. Aziende specializzate nella vendita di spazio virtuale offrono agli utenti la possibilità di acquistare, vendere o affittare terreni nel metaverso, su cui possono poi costruire ambienti personalizzati per il commercio, l'intrattenimento o la socializzazione. Questo modello di business non solo ha generato entrate sostanziali, ma ha anche stimolato un'economia di servizi correlati, inclusi design, architettura e sviluppo software specifici per il metaverso.

Oltre a questi esempi, vi sono aziende che utilizzano il metaverso per rafforzare le proprie strategie di marketing ed engagement del cliente. Attraverso eventi esclusivi nel metaverso, come lanci di prodotti, concerti virtuali o esperienze di brand immersive, le aziende sono in grado di creare un legame emotivo forte con i loro clienti, offrendo esperienze memorabili che vanno oltre il tradizionale advertising.

Tuttavia, mentre alcune aziende prosperano, altre incontrano sfide significative. Questi ostacoli possono includere la difficoltà di muoversi in una tecnologia ancora emergente, problemi di sicurezza e privacy o la resistenza da parte dei consumatori a investire in beni che esistono solo nel digitale. La comprensione di queste sfide è fondamentale per sviluppare strategie efficaci e per assicurare che il metaverso possa essere un ambiente prospero per un'ampia varietà di attività commerciali.

Guardando al futuro, il segmento successivo esplorerà ulteriormente le opportunità e le sfide che il metaverso presenta, in particolare come le nuove professioni emergono e come il mondo del lavoro si sta adattando a questa nuova realtà digitale. Sarà essenziale per le aziende capire non solo come monetizzare il metaverso, ma anche come sfruttarlo per migliorare le proprie operazioni e strategie in un contesto economico globale sempre più interconnesso.

## 4.5 Opportunità di lavoro e nuove professioni emergenti nel metaverso

Il metaverso, con la sua promessa di mondi virtuali interconnessi, non solo ha aperto nuove vie per il commercio e l'intrattenimento, ma ha anche generato una serie di nuove opportunità di lavoro e carriere emergenti. Man mano che le aziende investono sempre più nel metaverso, la domanda per professioni specifiche che supportano e sviluppano questi ambienti digitali è in rapida crescita. Questa evoluzione del panorama lavorativo riflette il modo in cui il metaverso sta iniziando a influenzare e trasformare il mercato del lavoro tradizionale.

Le opportunità di lavoro nel metaverso variano ampiamente e richiedono una serie di competenze tecniche e creative. Ad esempio, i designer di esperienze virtuali sono essenziali per creare ambienti immersivi e coinvolgenti. Questi professionisti combinano competenze di design grafico, programmazione e psicologia dell'utente per sviluppare mondi che siano non solo visivamente attraenti, ma anche interattivi e funzionali. Anche gli sviluppatori di software per il metaverso sono hanno tanta domanda, poiché le piattaforme su cui si svolgono queste esperienze richiedono codice sofisticato per gestire la complessità delle interazioni e delle transazioni virtuali.

Inoltre, la sicurezza del metaverso è una preoccupazione crescente, data la quantità di dati personali e transazioni finanziarie che avvengono in questi spazi digitali. Di conseguenza, vi è un aumento significativo della necessità di esperti in sicurezza informatica che possano prevenire violazioni dei dati, furto di identità e altri tipi di attacchi cibernetici. Questi specialisti non solo devono proteggere le infrastrutture esistenti, ma anche innovare continuamente per stare al passo con le nuove minacce che emergono nel contesto unico del metaverso.

Allo stesso tempo, il ruolo dei community manager è diventato cruciale, poiché le interazioni sociali formano la spina dorsale del metaverso. Questi professionisti aiutano a gestire le relazioni all'interno delle comunità virtuali, moderano le discussioni, risolvono i conflitti e assicurano che l'ambiente rimanga accogliente e inclusivo per tutti gli utenti. Con l'espansione del metaverso, la capacità di mantenere una comunità online vibrante e attiva è più importante che mai.

Mentre il metaverso continua a crescere e a evolversi, emergono anche ruoli più specializzati. Ad esempio, gli analisti di dati del metaverso lavorano per interpretare enormi quantità di dati generati dalle interazioni degli utenti, per migliorare l'esperienza utente e per guidare le decisioni aziendali strategiche. La capacità di comprendere e utilizzare questi dati è diventata una competenza preziosa in un ambiente dove ogni azione può essere tracciata e analizzata.

Queste nuove professioni evidenziano non solo la diversità delle opportunità offerte dal metaverso, ma anche la necessità di adattare il sistema educativo per preparare i futuri lavoratori a queste sfide emergenti. Nel prossimo capitolo, esploreremo come il metaverso stia influenzando anche il settore dell'educazione, offrendo nuovi metodi e ambienti per l'apprendimento che potrebbero rivoluzionare ulteriormente il modo in cui concepiamo la formazione e lo sviluppo professionale.

# 5. Società e Cultura nel Metaverso

## 5.1 Come il metaverso sta modellando nuove forme di interazione sociale

Il metaverso sta rapidamente trasformando il modo in cui le persone interagiscono socialmente, creando nuove dimensioni di connessione umana attraverso esperienze digitali immersive. In questi mondi virtuali, gli utenti non solo si incontrano e socializzano, ma possono anche partecipare a eventi, condividere interessi e collaborare in modi che spesso trascendono le possibilità offerte dalle interazioni fisiche tradizionali.

Le interazioni sociali nel metaverso sono arricchite dalla capacità degli utenti di rappresentare sé stessi attraverso avatar personalizzati. Questi avatar possono esprimere una vasta gamma di emozioni e azioni, permettendo agli utenti di manifestare le proprie identità in modi unici e creativi. Questa forma di espressione virtuale permette una rappresentazione di sé che può essere molto diversa dall'identità fisica, offrendo agli individui la possibilità di esplorare e sperimentare aspetti della loro personalità in un ambiente sicuro e controllato.

Inoltre, il metaverso elimina molte delle barriere fisiche che limitano le interazioni sociali nel mondo reale. Persone da diverse parti del mondo possono incontrarsi e interagire senza la necessità di viaggiare, rendendo queste interazioni meno costose e più accessibili. Questo ha implicazioni significative per la formazione di comunità globali, dove le persone possono connettersi basandosi su interessi comuni piuttosto che sulla prossimità geografica. Queste comunità virtuali possono fungere da importanti reti di supporto sociale, fornendo aiuto, consigli e compagnia a chi può sentirsi isolato o marginalizzato nella vita reale.

Le piattaforme del metaverso facilitano anche un'ampia varietà di eventi sociali, da concerti e spettacoli teatrali a conferenze e lezioni. Questi eventi non solo replicano le esperienze della vita reale, ma spesso le amplificano con elementi che sarebbero impossibili o impraticabili fuori dal virtuale, come scenografie subitaneamente cangianti o performance che sfidano le leggi della fisica. La capacità di partecipare a queste esperienze uniche può arricchire la vita sociale degli utenti, offrendo nuove forme di intrattenimento e apprendimento.

Tuttavia, mentre le interazioni nel metaverso offrono molte opportunità, esse presentano anche sfide, come la gestione delle dinamiche sociali in un ambiente dove le azioni possono sembrare prive di conseguenze immediate. La comprensione e la navigazione di queste dinamiche richiedono una riflessione attenta e, in molti casi, nuovi approcci alla netiquette e alla mediazione dei conflitti.

Man mano che esploriamo più a fondo queste interazioni nel prossimo segmento, ci concentreremo su come le identità digitali vengono costruite e rappresentate nel metaverso, esaminando l'impatto di queste identità sulla percezione del sé e sulle relazioni interpersonali. Questo approfondimento aiuterà a capire meglio come il metaverso sta plasmando non solo le nostre connessioni con gli altri, ma anche la nostra comprensione di noi stessi in un mondo sempre più digitale.

## 5.2 Identità digitale e rappresentazione del sé nel metaverso

Nel metaverso, la questione dell'identità digitale assume una rilevanza centrale. Gli avatar, che funzionano come trasposizioni digitali degli utenti, offrono un'opportunità unica per esplorare e ridefinire l'identità personale in un ambiente virtuale. Questi avatar possono variare in modo significativo, da rappresentazioni realistiche a interpretazioni fantastichesche, permettendo agli individui di esprimersi in modi che possono essere impossibili nel mondo fisico.

La costruzione di un'identità digitale nel metaverso è intrinsecamente legata alla libertà di scelta. Gli utenti possono decidere come apparire, quali caratteristiche esibire e come interagire con gli altri. Questa libertà può essere particolarmente emancipante per individui che nel mondo reale potrebbero sentirsi limitati dalle aspettative sociali o da specifiche condizioni fisiche. Nel metaverso, barriere come il genere, l'età, la nazionalità e persino la fisicità possono essere rielaborate o completamente rimosse, offrendo una tavolozza più ampia per l'autoespressione e l'esplorazione identitaria.

Tuttavia, questa flessibilità nell'identità digitale solleva anche questioni complesse. Mentre alcuni trovano liberatorio poter esplorare diversi aspetti del proprio sé, altri possono sperimentare una sorta di dissonanza tra la loro identità nel mondo reale e quella espressa nel virtuale. Questo scarto può influenzare la percezione di sé e le interazioni sociali, sia online che offline. Inoltre, l'anonimato e la fluidità delle identità digitali possono a volte facilitare comportamenti negativi, come il cyberbullismo o la frode, che sfruttano la distanza emotiva e fisica creata dalla mediazione tecnologica.

Nonostante queste sfide, la capacità di modellare liberamente l'identità digitale nel metaverso offre anche nuove opportunità per la comprensione di sé. Gli utenti possono esperimentare con diversi aspetti della loro personalità in un contesto sicuro e controllato, il che può promuovere importanti scoperte personali. Inoltre, la diversità delle identità nel metaverso può favorire l'empatia e la tolleranza, poiché gli utenti interagiscono regolarmente con individui che possono differire significativamente da loro stessi in termini di aspetto e background.

Con queste riflessioni in mente, il metaverso si rivela non solo come un terreno di gioco per l'innovazione tecnologica, ma anche come un dinamico laboratorio sociale. Mentre ci muoviamo verso il prossimo punto di discussione, esploreremo le implicazioni etiche di queste identità digitali, ponendo particolare attenzione a come la privacy e il consenso sono gestiti in un ambiente dove la realtà e la rappresentazione possono differire così profondamente. Questo ci aiuterà a comprendere meglio i dilemmi morali e le sfide che emergono man mano che il metaverso continua a evolversi.

## 5.3 Problemi etici: privacy, consenso e manipolazione

Nel metaverso, le questioni etiche riguardanti la privacy e il consenso assumono una nuova dimensione, data la profondità e la complessità delle interazioni che possono avvenire in questi ambienti digitali. La gestione di queste questioni etiche è cruciale per garantire che il metaverso rimanga uno spazio sicuro e rispettoso per tutti gli utenti.

La privacy nel metaverso è particolarmente delicata perché le tecnologie che abilitano queste esperienze immagazzinano e trattano grandi quantità di dati personali. Questi dati non solo riguardano informazioni di base come l'identità o la localizzazione degli utenti, ma possono estendersi a dati molto più sensibili, come le espressioni facciali, i movimenti del corpo e, persino, le reazioni emotive, catturate per rendere l'esperienza nel metaverso più realistica e coinvolgente. Questo livello di sorveglianza dettagliata solleva preoccupazioni significative su chi ha accesso a questi dati e su come vengono utilizzati.

Il consenso nell'utilizzo di questi dati è altrettanto problematico. Gli utenti devono essere pienamente informati su cosa accade ai dati che condividono nel metaverso e devono avere il controllo su come questi sono usati. Tuttavia, le politiche e i meccanismi di consenso spesso non tengono il passo con le rapide evoluzioni tecnologiche, rendendo difficile per gli utenti comprendere e gestire le proprie preferenze di privacy in modi efficaci.

Inoltre, la questione del consenso si estende oltre la semplice raccolta e utilizzo dei dati. Nel contesto delle interazioni sociali nel metaverso, il consenso deve anche riguardare le modalità di interazione tra utenti. Ad esempio, comportamenti che potrebbero essere considerati invasivi o inappropriati devono essere chiaramente definiti e regolamentati e gli utenti devono avere mezzi semplici ed efficaci per esprimere e ritirare il consenso in determinate situazioni sociali. Questo è particolarmente importante in un ambiente dove le barriere fisiche sono assenti e le interazioni possono assumere forme molto diverse rispetto al mondo reale.

Affrontare queste sfide richiede una collaborazione tra sviluppatori, legislatori e la comunità degli utenti per creare un quadro etico robusto che protegga la privacy e gestisca il consenso in modo appropriato. Ciò include lo sviluppo di tecnologie che migliorino la trasparenza e diano agli utenti un maggiore controllo sui loro dati, così come la creazione di normative che definiscano chiaramente i diritti e le responsabilità all'interno del metaverso.

Mentre il metaverso continua a evolversi, la necessità di affrontare queste questioni etiche diventa sempre più urgente. Il prossimo segmento esplorerà ulteriormente l'impatto del metaverso sulla cultura globale e sulle subculture, esaminando come queste nuove tecnologie stiano modificando le norme sociali e culturali e quali sfide emergono da questi cambiamenti.

## 5.4 Impatto del metaverso sulla cultura globale e sulle subculture

L'espansione del metaverso sta portando significative trasformazioni culturali, influenzando non solo le interazioni individuali, ma anche il tessuto delle culture globali e delle subculture. Questi cambiamenti sono particolarmente evidenti nel modo in cui il metaverso ha iniziato a influenzare e a essere influenzato da varie espressioni culturali e sociali, creando nuovi spazi per l'identità collettiva e la comunità.

Il metaverso, con la sua capacità di trascendere i confini geografici, ha facilitato la formazione di comunità virtuali basate su interessi comuni piuttosto che sulla prossimità fisica. Queste comunità spesso si sviluppano in subculture distinte, con i propri codici linguistici, norme sociali e pratiche culturali. Ad esempio, gruppi di appassionati di specifici giochi, fan di particolari generi musicali o sostenitori di movimenti artistici hanno trovato nel metaverso uno spazio per esprimersi e connettersi in modi che il mondo fisico può limitare o non permettere.

Questi ambienti virtuali offrono anche un palcoscenico per la sperimentazione e l'innovazione culturale. Artisti e creatori utilizzano il metaverso per esplorare nuove forme d'arte e per presentare le loro creazioni a un pubblico globale, senza le barriere che spesso esistono nelle gallerie o nei teatri tradizionali. Questo non solo democratizza l'accesso alla cultura, ma permette anche una fusione di influenze culturali che può generare nuove tendenze e movimenti artistici.

Tuttavia, l'incorporazione di diverse culture nel metaverso non è priva di sfide. Le differenze culturali possono portare a fraintendimenti e conflitti, specialmente quando le norme di comunicazione e interazione variano significativamente. La gestione di queste differenze richiede una comprensione profonda e rispetto reciproco, così come politiche e strumenti progettati per facilitare l'interazione interculturale positiva e costruttiva.

Inoltre, la rappresentazione culturale nel metaverso solleva questioni di appropriazione e autenticità. Mentre gli utenti possono esplorare e adottare elementi da diverse culture, c'è il rischio che tali esplorazioni non rispettino l'origine e il significato di tali pratiche culturali. Questo richiede un dialogo continuo e consapevolezza tra gli utenti del metaverso per garantire che la rappresentazione culturale sia gestita in modo sensibile e rispettoso.

Il metaverso, quindi, funge da microcosmo in cui si riflettono e si reinventano le dinamiche culturali globali. Questa continua evoluzione presenta sia opportunità che sfide, che necessitano di essere esaminate criticamente per assicurare che il metaverso rimanga uno spazio inclusivo e rispettoso. Nel segmento successivo, considereremo come l'educazione e la formazione possano trarre vantaggio da questo ambiente digitale, esplorando come il metaverso possa servire come piattaforma per nuovi metodi di insegnamento e apprendimento, influenzando così anche il futuro del settore educativo.

## 5.5 Educazione e formazione nel metaverso

Il metaverso sta emergendo come un potente strumento educativo, offrendo possibilità innovative che potrebbero trasformare il modo in cui apprendiamo e insegniamo. Questa nuova frontiera digitale offre ambienti immersivi e interattivi che possono rendere l'educazione più coinvolgente e accessibile, superando molti dei limiti fisici e logistici associati ai metodi tradizionali di apprendimento.

Nel metaverso, gli studenti possono partecipare a simulazioni e ricostruzioni storiche, esplorare geografie remote attraverso tour virtuali o immergersi in scenari complessi che richiedono soluzioni creative e pensiero critico. Queste esperienze non solo arricchiscono la comprensione degli argomenti trattati, ma stimolano anche l'interesse e la motivazione degli studenti, facendoli sentire protagonisti attivi del loro percorso formativo.

Uno degli aspetti più rivoluzionari dell'istruzione nel metaverso è la sua capacità di personalizzare l'apprendimento. Gli insegnanti possono adattare le lezioni alle esigenze specifiche di ogni studente, monitorando i progressi in tempo reale e offrendo feedback immediati. Questo approccio individualizzato è particolarmente prezioso in un contesto educativo, poiché consente di identificare e colmare rapidamente le lacune nella comprensione di uno studente, migliorando significativamente l'efficacia e l'impatto dell'insegnamento.

Inoltre, il metaverso facilita la collaborazione internazionale tra studenti di diverse parti del mondo. Progetti di gruppo e attività collaborative possono essere condotti in spazi virtuali dove gli studenti possono interagire come se fossero fisicamente insieme, pur provenendo da continenti differenti. Questo non solo favorisce lo scambio culturale, ma prepara anche gli studenti a operare in un mondo sempre più globalizzato.

Tuttavia, l'integrazione dell'educazione e dell'istruzione nel metaverso non è esente da sfide. Le preoccupazioni riguardano l'accesso equo alle tecnologie necessarie, la qualità dell'istruzione offerta e le implicazioni sociali e psicologiche di spostare una parte significativa dell'educazione in ambienti virtuali. È fondamentale che educatori e sviluppatori lavorino insieme per garantire che questi strumenti siano utilizzati in modo etico e che contribuiscano positivamente alla formazione degli studenti.

Osservando l'impatto del metaverso sull'educazione, si apre un dialogo su come le tecnologie immersive possano essere integrate nel curriculum standard per arricchire e potenziare l'esperienza educativa. Questo approccio non solo prepara gli studenti alle sfide tecnologiche del futuro, ma apre anche nuove vie per un apprendimento che è al tempo stesso globale, personalizzato e profondamente coinvolgente. Nel proseguo del libro, esploreremo come queste opportunità stiano influenzando non solo il settore dell'educazione, ma anche altri ambiti professionali e personali, riflettendo su come il metaverso possa continuare a modellare le nostre vite in modi ancora inimmaginabili.

# 6. Impatto del Metaverso sul Lavoro

## 6.1 Uffici virtuali e remote working nel metaverso

L'introduzione di uffici virtuali nel metaverso sta rivoluzionando il concetto tradizionale di ambiente lavorativo. Questa trasformazione non è soltanto una questione di spostare fisicamente l'ufficio in uno spazio virtuale, ma rappresenta un cambiamento fondamentale nel modo in cui le interazioni lavorative e la collaborazione possono avvenire.

Gli uffici virtuali nel metaverso permettono alle aziende di superare le barriere geografiche, rendendo possibile per i dipendenti di lavorare insieme da qualsiasi parte del mondo come se fossero nella stessa stanza. Questo è particolarmente vantaggioso per le aziende globali che cercano di sincronizzare le attività tra team dispersi geograficamente. Invece di affidarsi a teleconferenze o e-mail, i team possono incontrarsi in uno spazio virtuale condiviso, dove possono collaborare su documenti, presentazioni e altri progetti in tempo reale, utilizzando strumenti digitali che simulano l'interazione faccia a faccia.

Questa modalità di lavoro non solo aumenta l'efficienza riducendo i tempi di attesa e i malintesi che possono verificarsi con le comunicazioni tradizionali, ma può anche contribuire a migliorare il benessere dei dipendenti. La flessibilità di poter lavorare da qualsiasi luogo con una connessione internet stabile elimina la necessità di lunghi spostamenti quotidiani, permettendo un miglior bilanciamento tra vita lavorativa e personale e riducendo il rischio di incorrere nel burnout.

Tuttavia, la transizione verso uffici virtuali porta con sé anche sfide uniche. La principale è come mantenere un senso di appartenenza e di cultura aziendale quando i dipendenti interagiscono principalmente attraverso avatar digitali. Senza il contatto umano diretto e le interazioni che avvengono naturalmente in un ufficio fisico, può essere difficile costruire rapporti di squadra solidi e un senso di lealtà aziendale. Le aziende devono quindi essere creative nel trovare modi per infondere la loro cultura aziendale in un ambiente virtuale e per garantire che i dipendenti si sentano valorizzati e attivamente connessi.

Un altro aspetto da considerare è la sicurezza dei dati. Con la crescente dipendenza da piattaforme virtuali per le operazioni quotidiane, diventa cruciale proteggere le informazioni sensibili da potenziali minacce informatiche. Questo richiede investimenti in soluzioni di sicurezza avanzate e nella formazione continua dei dipendenti sulle migliori pratiche di sicurezza online.

In sintesi, mentre gli uffici virtuali nel metaverso offrono molte opportunità per migliorare l'efficienza e la flessibilità, richiedono anche un'attenta considerazione di come gestire le interazioni umane e la sicurezza in un modo completamente nuovo. Nel segmento successivo, esploreremo ulteriormente come queste dinamiche influenzino le strutture di team e la leadership all'interno delle organizzazioni che adottano questa nuova modalità di lavoro.

## 6.2 Cambiamenti nelle dinamiche di team e leadership

L'adozione degli uffici virtuali nel metaverso sta modificando profondamente le dinamiche di team e le pratiche di leadership. Mentre le interazioni virtuali presentano nuove opportunità per la collaborazione e l'innovazione, portano con sé anche sfide uniche che possono influenzare la struttura e il funzionamento dei team lavorativi.

Nel contesto di un ufficio virtuale, le tradizionali dinamiche di team subiscono una trasformazione significativa. La distanza fisica viene eliminata, permettendo ai membri del team di connettersi istantaneamente nonostante le differenze geografiche. Questo può aumentare notevolmente la flessibilità e l'efficienza, consentendo alle squadre di lavorare insieme in tempo reale su progetti condivisi all'interno di ambienti virtuali che possono essere configurati e personalizzati per soddisfare specifiche esigenze di progetto.

Tuttavia, la mancanza di interazioni faccia a faccia può anche presentare sfide comunicative. Senza i segnali non verbali che spesso accompagnano la comunicazione in persona, come il linguaggio del corpo o il contatto visivo, possono sorgere malintesi. Di conseguenza, diventa cruciale per i leader di team affinare le loro abilità comunicative digitali, assicurando che i messaggi siano chiari e che ci sia un'adeguata apertura al feedback per garantire che tutti i membri del team si sentano ascoltati e valorizzati.

Per la leadership, questo nuovo ambiente lavorativo richiede un approccio più consapevole e adattativo. I leader devono essere non solo tecnologicamente competenti, ma anche capaci di gestire team distribuiti, spesso operanti in fusi orari diversi. Questo implica una maggiore enfasi sulla gestione delle risorse umane da remoto, sulla costruzione di fiducia e sul mantenimento della coesione del team senza la connessione personale quotidiana. I leader devono quindi sviluppare strategie per costruire e mantenere la cultura aziendale, promuovendo un senso di appartenenza e di impegno anche attraverso lo schermo.

Inoltre, la leadership nel metaverso può beneficiare della capacità di creare ambienti di lavoro inclusivi e accessibili. Le tecnologie virtuali possono essere particolarmente vantaggiose per individui con limitazioni fisiche o per coloro che possono sentirsi esclusi dagli ambienti di lavoro tradizionali a causa di barriere linguistiche o culturali. I leader devono quindi essere proattivi nel garantire che questi ambienti non solo facilitino il lavoro di squadra, ma promuovano anche la diversità e l'inclusione.

In questo contesto, diventa evidente che le competenze richieste per la leadership efficace nel metaverso sono evolute. I leader devono non solo gestire le operazioni quotidiane, ma anche affrontare complesse questioni di engagement e cultura aziendale in un ambiente totalmente digitale. Nel prossimo segmento, esamineremo come la formazione e lo sviluppo professionale possono essere trasformati nel metaverso, offrendo nuove modalità per l'apprendimento e la crescita professionale in un ambiente di lavoro virtuale.

## 6.3 Formazione e sviluppo professionale tramite realtà virtuale

L'adozione del metaverso come ambiente di lavoro sta ridefinendo le modalità di formazione e sviluppo professionale. La virtualizzazione degli spazi lavorativi ha aperto nuove possibilità per il miglioramento delle competenze, rendendo l'apprendimento più interattivo, accessibile e personalizzato.

Nel metaverso, le sessioni di formazione possono trascendere i limiti fisici tradizionali, permettendo a istruttori e partecipanti di unirsi da diverse località in ambienti immersivi che simulano situazioni reali o creano scenari completamente nuovi. Questa caratteristica è particolarmente vantaggiosa per la formazione in settori come la medicina, l'ingegneria e l'emergenza, dove la simulazione di ambienti complessi e variabili è fondamentale. Ad esempio, i chirurghi possono praticare procedure in un ambiente virtuale che replica con precisione l'atmosfera di una sala operatoria, inclusi scenari ad alta pressione che sarebbe impossibile riprodurre senza rischi in un contesto reale.

La formazione nel metaverso offre anche vantaggi significativi in termini di scalabilità e personalizzazione. Le piattaforme virtuali permettono di replicare le sessioni di formazione senza costi aggiuntivi significativi, indipendentemente dal numero di partecipanti. Inoltre, l'apprendimento può essere altamente personalizzato in base alle esigenze individuali. Gli algoritmi intelligenti possono adattare i materiali didattici al ritmo e allo stile di apprendimento di ciascun partecipante, ottimizzando l'esperienza formativa e migliorando l'efficacia dell'apprendimento.

Un altro aspetto rilevante della formazione nel metaverso è la capacità di monitorare e valutare in tempo reale le prestazioni e i progressi degli utenti. Questo feedback immediato non solo è utile per gli studenti, che possono rapidamente correggere errori e rafforzare la comprensione, ma è anche prezioso per gli istruttori, che possono adeguare le tecniche didattiche in base alle esigenze del gruppo o dell'individuo.

Tuttavia, nonostante i numerosi vantaggi, la formazione nel metaverso presenta anche sfide e complessità. La dipendenza dalla tecnologia e dalle connessioni Internet stabili può essere un ostacolo in aree dove queste risorse non sono facilmente accessibili. Inoltre, la necessità di competenze tecnologiche avanzate sia da parte degli istruttori che dei partecipanti può limitare l'uso efficace di queste piattaforme innovative.

Nonostante queste sfide, il potenziale di trasformazione del metaverso nell'ambito della formazione e dello sviluppo professionale è indiscutibile. Man mano che queste tecnologie continuano a evolversi e diventano più accessibili, è probabile che il loro impatto sul mondo dell'istruzione e della formazione professionale cresca esponenzialmente. Nel prossimo segmento, esploreremo come il metaverso influenzi l'equilibrio tra la vita lavorativa e personale, considerando sia i benefici sia le sfide di un ambiente lavorativo sempre più digitalizzato.

## 6.4 Equilibrio tra vita privata e lavoro in un mondo sempre connesso

L'integrazione del metaverso nel mondo del lavoro porta con sé notevoli benefici in termini di flessibilità e accessibilità, ma solleva anche questioni importanti sull'equilibrio tra la vita lavorativa e personale. Mentre i confini tra casa e lavoro diventano sempre più sfumati, emergono nuove sfide per mantenere una sana distinzione tra questi due aspetti della vita.

La possibilità di accedere al lavoro da qualsiasi luogo e in qualsiasi momento attraverso il metaverso può aumentare significativamente la flessibilità lavorativa. Questo è particolarmente vantaggioso per coloro che devono conciliare impegni familiari o personali con le richieste lavorative, come i genitori di bambini piccoli o coloro che assistono familiari anziani. La capacità di partecipare a riunioni virtuali, collaborare a progetti o completare compiti senza dover fisicamente recarsi in ufficio può ridurre lo stress e migliorare la qualità della vita.

Tuttavia, questa stessa accessibilità può portare a una "perenne disponibilità" che erode i confini tra lavoro e tempo libero. La pressione derivante dalla consapevolezza di essere costantemente raggiungibili, indipendentemente dall'orario o dal giorno, può aumentare significativamente lo stress e portare al burnout. Senza una chiara separazione tra gli spazi di lavoro e quelli personali, i lavoratori possono avere difficoltà a "staccare" mentalmente, il che è cruciale per il riposo e il recupero.

Per affrontare queste sfide, è essenziale che le aziende che utilizzano il metaverso implementino politiche che supportino un equilibrio tra vita lavorativa e personale. Questo può includere regole chiare sull'orario di lavoro, aspettative gestibili riguardo alla disponibilità online e la promozione di un ambiente lavorativo che rispetti il tempo personale dei dipendenti. Inoltre, fornire formazione su come gestire efficacemente il tempo e le risorse può aiutare i lavoratori a sfruttare i vantaggi della flessibilità senza cadere nella trappola del sovraccarico di lavoro.

Un altro aspetto fondamentale è la creazione di un ambiente lavorativo virtuale che promuova l'interazione umana e sostenga la coesione del team, nonostante la distanza fisica. Le attività di team building e gli incontri informali nel metaverso possono aiutare a mantenere un senso di appartenenza e comunità tra i colleghi, che è spesso perso quando si lavora da remoto.

In sintesi, mentre il metaverso offre possibilità rivoluzionarie per il modo in cui lavoriamo, è imperativo affrontare le potenziali conseguenze sulla vita personale dei lavoratori. Un approccio ben ponderato che bilancia le esigenze lavorative con quelle personali non solo migliorerà il benessere dei dipendenti, ma potrà anche aumentare la loro produttività e soddisfazione lavorativa. Nel prossimo segmento, esploreremo i casi di studio di aziende che hanno implementato con successo strategie per massimizzare le opportunità offerte dal metaverso mantenendo al contempo un sano equilibrio lavoro-vita.

## 6.5 Case studies di aziende che utilizzano il metaverso per innovare

L'adozione del metaverso ha portato alla luce nuovi modi di lavorare che, mentre offrono vantaggi innegabili, presentano anche sfide significative. Un aspetto cruciale di questo cambiamento è come le aziende hanno approcciato l'integrazione del metaverso nelle loro operazioni quotidiane, rivelando interessanti casi di studio che meritano un'analisi approfondita.

Una delle principali trasformazioni osservate nelle aziende che adottano il metaverso riguarda la modalità di interazione e collaborazione. Nel metaverso, le riunioni non sono più limitate da confini geografici o da limitazioni fisiche, consentendo una collaborazione globale in tempo reale che può accelerare i processi decisionali e aumentare l'efficienza operativa. Questo ha permesso a molte aziende di espandere rapidamente la loro portata e di lavorare in modo più sincronizzato con team e partner internazionali.

Un esempio emblematico di successo nel metaverso è rappresentato da un'azienda tecnologica che ha implementato uffici virtuali per connettere i suoi dipendenti globali. Questa azienda ha creato uno spazio virtuale che non solo funge da ufficio, ma anche come luogo per eventi di team building e sessioni di formazione. L'ambiente virtuale ha migliorato notevolmente il senso di appartenenza dei dipendenti e ha ridotto i costi di viaggio e logistica, risultando in un aumento della soddisfazione del personale e una diminuzione del turnover.

Tuttavia, la transizione al metaverso non è priva di difficoltà. Un'altra azienda, specializzata in design grafico, ha incontrato sfide nell'adattare i suoi flussi di lavoro creativi a un ambiente totalmente digitale. I problemi iniziali includevano resistenza al cambiamento da parte dei dipendenti e difficoltà tecniche legate all'uso delle nuove tecnologie. Tuttavia, con una formazione adeguata e un graduale processo di adozione, l'azienda è riuscita a superare queste barriere, scoprendo che il metaverso offriva un nuovo livello di collaborazione creativa e una migliore conciliazione tra vita lavorativa e privata.

Questi casi dimostrano che, mentre il metaverso può trasformare il modo in cui le aziende operano, il successo di questa transizione dipende fortemente dalla capacità di adattare e integrare nuove tecnologie in modo che rispettino e migliorino la cultura aziendale esistente. Le aziende che riescono in questa integrazione scoprono che il metaverso non solo migliora la produttività, ma arricchisce anche l'esperienza lavorativa, rendendo il lavoro più flessibile, inclusivo e coinvolgente.

Guardando avanti, è chiaro che il metaverso continuerà a influenzare il panorama lavorativo. Nel proseguo del libro, esploreremo le prospettive future del metaverso, considerando come questa tecnologia potrebbe evolvere e quale impatto potrebbe avere sul concetto stesso di lavoro, sfidando ulteriormente le nostre percezioni tradizionali e spingendoci a riflettere su cosa significhi realmente "essere presenti" nel mondo del lavoro moderno.

# 7. Implicazioni Psicologiche del Metaverso

## 7.1 Benefici psicologici dell'immersione in realtà virtuali

Il metaverso, con i suoi mondi virtuali immersivi, non è solo un luogo di svago e di lavoro, ma ha dimostrato di avere potenziali benefici psicologici significativi per i suoi utenti. Questi benefici possono variare dalla promozione del benessere mentale al supporto terapeutico, offrendo nuove vie per il trattamento e l'autoespressione.

Una delle principali opportunità offerte dal metaverso è quella di creare ambienti terapeutici controllati e personalizzabili. Questi ambienti possono essere usati per simulare situazioni che potrebbero essere altrimenti stressanti o difficili da replicare nel mondo reale. Ad esempio, la terapia dell'esposizione, che è una tecnica comune per il trattamento di disturbi come il PTSD (Post Traumatic Stress Disorder) o le fobie, può essere realizzata nel metaverso in modo sicuro e graduale, permettendo agli utenti di affrontare le loro paure in un contesto controllato, sotto la guida di un terapeuta.

Inoltre, il metaverso può facilitare l'espressione di sé e il sostegno sociale in modi che talvolta superano le possibilità del mondo fisico. Ad esempio, persone che soffrono di ansia sociale potrebbero trovare più facile interagire in un ambiente virtuale, dove possono controllare meglio gli aspetti della loro interazione e presentarsi in modi che ritengono sicuri e confortevoli. Questo può servire come un passo intermedio utile nella loro terapia, aiutandoli a costruire fiducia, senso di autoefficacia e abilità sociali che possono essere trasferite nel mondo reale.

Anche il sostegno psicologico può essere ampliato nel metaverso attraverso gruppi di supporto e comunità virtuali. Le persone con condizioni mediche o problemi di salute mentale possono partecipare a gruppi dove si condividono esperienze e strategie di coping senza le barriere della distanza fisica. Questa accessibilità può essere particolarmente preziosa per coloro che vivono in aree remote o per chi ha difficoltà di mobilità, offrendo loro il supporto necessario che altrimenti potrebbe essere inaccessibile.

Tuttavia, è importante riconoscere che mentre il metaverso offre questi benefici, esso presenta anche sfide. L'uso prolungato di realtà virtuali può portare a un senso di disconnessione dal mondo reale, forme "addiction" tecnologica o confusione tra esperienze virtuali e reali. La supervisione da parte di professionisti della salute mentale è quindi cruciale per fronteggiare questi rischi, assicurando che l'uso del metaverso rimanga un complemento benefico e non un sostituto problematico delle interazioni nella vita reale.

In conclusione, il metaverso apre nuovi orizzonti nel campo della psicologia e del benessere mentale, offrendo modalità innovative ed efficaci per affrontare una varietà di sfide psicologiche. Con una gestione appropriata e una guida professionale, può diventare uno strumento prezioso nel toolkit terapeutico moderno. Nel segmento successivo, esamineremo i rischi psicologici associati all'uso del metaverso, per fornire una panoramica equilibrata delle sue implicazioni sulla salute mentale.

## 7.2 Rischi: isolamento, dipendenza, disorientamento

Sebbene il metaverso offra notevoli benefici psicologici, come descritto precedentemente, è anche fonte di potenziali rischi per la salute mentale. La comprensione di questi rischi è fondamentale per garantire un uso responsabile e consapevole di queste tecnologie immersive.

Uno dei principali rischi associati al metaverso riguarda la possibilità di sviluppare una dipendenza. Gli ambienti virtuali possono essere estremamente coinvolgenti e gratificanti, spingendo alcuni utenti a trascorrere quantità eccessive di tempo online. Questo comportamento può portare a trascurare aspetti importanti della vita quotidiana, come relazioni interpersonali, obblighi lavorativi o scolastici e cura personale. La dipendenza dal metaverso può anche causare isolamento sociale, dato che gli utenti possono preferire le interazioni virtuali a quelle reali, riducendo così la loro capacità di affrontare le sfide del mondo fisico. In tal senso, è acclarata la relazione tra la dipendenza patologica dalle nuove tecnologie e l'aumento esponenziale, nel nostro tempo, dei cosiddetti "hikikomori".

In aggiunta, la permanenza prolungata in ambienti virtuali può portare a disorientamento e confusione tra realtà e virtualità. Questo fenomeno, noto come dissonanza cognitiva, si verifica quando vi è un conflitto tra esperienze virtuali intensamente realistiche e la vita quotidiana. Gli utenti possono iniziare a sentirsi disconnessi o distaccati dalla realtà, il che può aggravare condizioni esistenti come la depressione o l'ansia.

Un altro rischio significativo è il cyberbullismo, che può avere effetti devastanti sulla salute mentale. Il metaverso, pur essendo uno spazio di libertà e creatività, può anche permettere comportamenti negativi amplificati dall'anonimato e dalla distanza fisica. Gli utenti possono essere esposti a molestie, umiliazioni o altre forme di aggressione virtuale, che possono avere impatti psicologici profondi, soprattutto senza i tradizionali supporti sociali che si potrebbero avere in contesti fisici.

Inoltre, la gestione della privacy e del consenso nel metaverso è una preoccupazione crescente. La violazione della privacy personale può portare a stress e ansia, soprattutto se le informazioni sensibili vengono esposte o utilizzate impropriamente. Gli utenti devono essere consapevoli delle politiche di privacy delle piattaforme del metaverso e attivi nel proteggere i propri dati personali.

Affrontare questi rischi richiede un approccio multifaccettato che include la sensibilizzazione, l'educazione degli utenti, regolamentazioni adeguate e supporto psicologico disponibile. Le piattaforme del metaverso devono essere progettate con considerazioni etiche solide, incorporando strumenti che aiutino a gestire il tempo trascorso online, facilitare relazioni sociali sane e proteggere gli utenti da comportamenti dannosi.

Nel proseguire, esploreremo le strategie e le iniziative che possono essere adottate per mitigare questi rischi, garantendo che il metaverso rimanga uno spazio sicuro e positivo per tutti i suoi utenti.

## 7.3 La realtà virtuale come strumento terapeutico

Data la complessità dei rischi psicologici associati all'uso del metaverso, è essenziale implementare strategie efficaci per mitigare questi pericoli e promuovere un ambiente virtuale sano. Queste strategie devono essere multidimensionali, coinvolgendo sviluppatori, utenti, professionisti della salute mentale e legislatori per creare un sistema di supporto robusto e proattivo.

Una delle strategie più importanti è l'educazione degli utenti. Gli utenti del metaverso dovrebbero essere informati sui potenziali rischi legati al tempo trascorso in ambienti virtuali, incluso come riconoscere i segni di dipendenza o di stress psicologico. Programmi di formazione possono essere offerti all'interno del metaverso stesso, utilizzando la piattaforma per insegnare agli utenti come gestire in modo sano il loro tempo online. Questi programmi possono includere moduli su come impostare limiti personali, tecniche di mindfulness per mantenere la consapevolezza della realtà e strumenti per migliorare la comunicazione e la gestione dei conflitti virtuali.

Inoltre, la creazione di un ambiente virtuale sicuro è cruciale. Questo implica lo sviluppo di tecnologie e politiche che promuovano la sicurezza e la privacy degli utenti. Per esempio, i sistemi di moderazione e sorveglianza possono essere implementati per rilevare e reagire rapidamente a comportamenti abusivi o molestie. Anche sistemi di feedback e reporting accessibili possono permettere agli utenti di segnalare problemi in modo anonimo, garantendo che le preoccupazioni siano affrontate tempestivamente ed efficacemente.

La collaborazione con professionisti della salute mentale è un altro aspetto vitale. Psicologi e terapeuti possono lavorare con sviluppatori per creare spazi nel metaverso che non solo siano divertenti e coinvolgenti, ma anche terapeuticamente validi. Questi spazi possono offrire supporto diretto agli utenti che potrebbero sentirsi sopraffatti o isolati, fornendo servizi di consulenza virtuale e gruppi di supporto guidati da professionisti.

Infine, è necessaria una regolamentazione chiara e giusta che indirizzi le specificità del metaverso. Le politiche dovrebbero essere sviluppate per proteggere i diritti e la sicurezza degli utenti, stabilendo norme chiare per la gestione dei dati e l'interazione degli utenti. Queste regole possono aiutare a prevenire l'abuso e garantire che il metaverso rimanga uno spazio accogliente e positivo.

Queste strategie, se attuate efficacemente, possono ridurre significativamente i rischi associati all'uso del metaverso e migliorare l'esperienza complessiva per tutti gli utenti. Proseguendo nel libro, esploreremo le tendenze future del metaverso e come questi approcci proattivi possano essere adattati e migliorati man mano che la tecnologia e la società evolvono.

## 7.4 Effetti a lungo termine dell'esposizione prolungata al metaverso

Guardando al futuro del metaverso, è chiaro che questa tecnologia è destinata a evolversi ed espandersi in modi che attualmente possiamo solo immaginare. Man mano che il metaverso diventa più integrato nella vita quotidiana, le sfide e le opportunità che presenta necessiteranno di approcci innovativi e adattativi per garantire che il suo sviluppo benefici tutti gli utenti e la società nel suo insieme.

Una delle principali tendenze future del metaverso è l'ulteriore sviluppo dell'integrazione tra realtà virtuale, aumentata e fisica. Questa convergenza creerà esperienze sempre più immersive e indistinguibili dalla realtà. Questo sviluppo porterà a nuove forme di interazione e collaborazione che potrebbero rivoluzionare settori come l'educazione, il lavoro e il divertimento. Ad esempio, gli studenti potrebbero esplorare virtualmente antiche civiltà o sistemi ecologici in maniere che la lettura di un libro o la visione di un video non possono replicare. Queste esperienze immersive non solo arricchiscono l'apprendimento, ma lo rendono più efficace, attivo e coinvolgente.

Tuttavia, l'evoluzione del metaverso richiederà anche una riflessione etica più profonda e una regolamentazione più robusta per affrontare le questioni di privacy, sicurezza e impatto sociale. Man mano che il metaverso diventa una parte più integrante della vita delle persone, la protezione dei dati personali e la sicurezza diventano di vitale importanza. Sarà fondamentale sviluppare normative che possano tenere il passo con il ritmo veloce del cambiamento tecnologico, garantendo che i diritti degli utenti siano sempre protetti.

Inoltre, come ogni nuova tecnologia, il metaverso potrebbe accentuare le disuguaglianze esistenti. L'accesso alla tecnologia avanzata necessaria per sfruttare appieno il metaverso potrebbe essere limitato da barriere economiche, geografiche o sociali. Affrontare queste disuguaglianze sarà essenziale per evitare che il metaverso diventi uno spazio elitario, accessibile solo a coloro che possono permettersi la tecnologia necessaria. Le politiche pubbliche e le iniziative del settore privato dovranno lavorare insieme per promuovere un accesso equo e inclusivo al metaverso.

La sfida ultima per il futuro del metaverso sarà bilanciare il suo vasto potenziale con un'attenta considerazione dei rischi potenziali. Questo equilibrio richiederà una collaborazione continua tra informatici, legislatori, educatori e tutti gli stakeholder coinvolti per garantire che il metaverso sia utilizzato in modi che migliorino la vita umana senza comprometterne la qualità o la sicurezza.

Man mano che ci avviciniamo alla fine del nostro libro, il capitolo successivo esplorerà in modo più dettagliato come queste tendenze influenzeranno le dinamiche sociali e individuali, delineando un futuro in cui il metaverso potrebbe letteralmente ridisegnare il nostro modo di vedere il mondo, di interagire con esso e di definire noi stessi.

## 7.5 Strategie per mantenere il benessere psicologico

Con il metaverso che si sviluppa rapidamente, è inevitabile che le dinamiche sociali e individuali subiscano trasformazioni significative. Questo nuovo ambiente digitale, ricco di possibilità immersive, sta già iniziando a ridefinire i modi in cui le persone interagiscono, apprendono e si esprimono. Mentre ci avviciniamo a una realtà in cui le esperienze virtuali diventano quasi indistinguibili da quelle fisiche, è fondamentale considerare come queste innovazioni influenzeranno la società nel suo insieme.

Il metaverso offre un palcoscenico su cui le barriere tradizionali di distanza e tempo sono abbattute. Le interazioni sociali possono avvenire in tempo reale tra persone di tutto il mondo, superando i limiti geografici. Questa globalizzazione dell'interazione umana potrebbe portare a una maggiore comprensione e tolleranza tra diverse culture e comunità. Le persone possono condividere esperienze, idee e valori in uno spazio comune, creando una nuova forma di società che è sia vastamente diversificata che unificata attraverso esperienze condivise.

Tuttavia, questa nuova forma di interazione sociale comporta anche sfide uniche. Mentre le interazioni nel metaverso possono semplificare la connessione tra individui, possono anche creare nuove forme di disuguaglianza. L'accesso al metaverso potrebbe diventare un altro divisore socio-economico, con disparità che emergono tra coloro che hanno le risorse per partecipare pienamente a questi spazi digitali e coloro che ne sono esclusi. Le questioni di accessibilità e inclusività dovranno essere affrontate con decisione per evitare che il metaverso diventi esclusivo ed elitario.

Inoltre, la questione dell'identità nel metaverso è particolarmente rilevante. Gli individui possono scegliere come rappresentarsi in questi spazi virtuali, esplorando aspetti della propria identità in modi che potrebbero non essere possibili nel mondo fisico. Questo offre incredibili opportunità di autoespressione ed esplorazione personale, ma solleva anche domande importanti su autenticità e percezione del sé. Gli individui dovranno navigare tra le loro identità online e offline, cercando di bilanciare questi aspetti a volte contrastanti della loro esistenza.

Infine, mentre il metaverso diventa una parte integrante della vita quotidiana, sarà cruciale sviluppare nuove norme e regolamenti per governare comportamenti e interazioni in questi spazi. Il rispetto della privacy, la gestione del consenso e la protezione contro abusi sono tutti aspetti che richiedono una riflessione attenta e strategie efficaci per garantire che il metaverso rimanga un ambiente sicuro e accogliente per tutti.

Questi cambiamenti e sfide delineano un panorama complesso che richiederà collaborazione, innovazione e una governance attenta. Man mano che il metaverso continua a evolversi sarà fondamentale monitorare e guidare il suo impatto sul tessuto sociale, garantendo che il progresso tecnologico proceda di pari passo con il bene collettivo e il rispetto dell'individuo. Nel capitolo finale, esploreremo le possibili direzioni future del metaverso, considerando le prospettive e le potenziali evoluzioni di questo straordinario fenomeno digitale.

# 8. Legalità e Regolamentazione nel Metaverso

## 8.1 Quadro legale esistente applicabile al metaverso

Man mano che esploriamo le prospettive future del metaverso diventa evidente che questa tecnologia non è solo una moda passeggera, ma un cambiamento paradigmatico che potrebbe influenzare profondamente diversi aspetti della società. Questo nuovo universo digitale offre possibilità infinite, dalle rivoluzioni nel modo in cui lavoriamo e studiamo, alla trasformazione delle nostre interazioni sociali e culturali.

Una delle prospettive più intriganti del metaverso è il suo potenziale di creare economie completamente nuove. Già vediamo l'emergere di mercati dove beni virtuali, servizi e proprietà sono compravenduti con valute reali o criptovalute. Questo non solo cambia il modo in cui concepiamo il valore e la proprietà, ma apre anche opportunità economiche che erano inimmaginabili solo qualche decennio fa. I creatori di contenuti digitali possono trarre vantaggio da un accesso globale ai mercati, mentre gli utenti possono godere di una varietà e di una personalizzazione dei prodotti senza precedenti.

Inoltre, il metaverso ha il potenziale di democratizzare l'accesso all'istruzione e alla formazione professionale. Con ambienti di apprendimento immersivi e interattivi, studenti di ogni età e background possono sperimentare metodi di insegnamento che adattano il ritmo e lo stile agli individui, superando le barriere fisiche e socioeconomiche. Questo potrebbe significare una rivoluzione nel modo in cui le competenze vengono acquisite e valutate, rendendo l'educazione più inclusiva e accessibile a livello globale.

Tuttavia, queste prospettive positive non sono esenti da sfide. La gestione della privacy e della sicurezza dei dati nel metaverso è una preoccupazione crescente. Con quantità sempre maggiori di informazioni personali che vengono trasferite online, garantire che questi dati siano protetti da accessi non autorizzati o abusi diventa imperativo. Inoltre, la questione dell'equità nell'accesso al metaverso è critica. Senza un accesso equo, il divario tra coloro che possono beneficiare delle opportunità offerte dal metaverso e coloro che ne sono esclusi potrebbe allargarsi, aggravando le disuguaglianze esistenti.

La governance del metaverso è un altro aspetto cruciale per il suo sviluppo futuro. Con l'aumento delle interazioni e delle transazioni che si svolgono in questi spazi virtuali, la necessità di regole chiare e giuste è essenziale. Questo richiederà una collaborazione internazionale tra governi, aziende private e la società civile per sviluppare normative che bilancino innovazione e protezione degli utenti.

In definitiva, mentre guardiamo al futuro del metaverso, dobbiamo considerare attentamente come questa tecnologia può essere modellata per massimizzare i suoi benefici e minimizzare i rischi. Nel prossimo segmento, continueremo ad esplorare le implicazioni del metaverso sulla cultura globale, valutando come queste tecnologie influenzeranno le norme sociali e il nostro senso di comunità e identità nel mondo digitale.

## 8.2 Nuove sfide legali: identità virtuali e loro diritti

L'ascesa del metaverso sta rapidamente influenzando la cultura globale, ridefinendo le norme sociali e modellando nuove forme di comunità e identità. Questa trasformazione digitale sta aprendo vie inesplorate per l'interazione umana, mettendo in discussione le strutture tradizionali e offrendo nuovi modi per esprimere e vivere la multiculturalità.

Uno degli impatti più significativi del metaverso sulla cultura globale è la sua capacità di unire persone da diverse parti del mondo in un unico spazio condiviso. Questo ambiente virtuale diventa un melting pot culturale dove gli utenti possono scambiare idee, pratiche e persino creare nuove forme culturali che sono ibridi di molteplici influenze. Per esempio, artisti possono collaborare su progetti che fondono elementi di diversi background artistici, creando opere che potrebbero non emergere in contesti meno diversificati.

Inoltre, il metaverso offre una piattaforma per la rappresentazione e la celebrazione di culture che potrebbero essere sottorappresentate o marginalizzate nel mondo fisico. Gruppi etnici, linguistici o culturali possono creare spazi virtuali dedicati dove celebrare la propria eredità, educare altri sulle loro tradizioni e sostenere questioni sociali. Questi spazi possono funzionare come centri culturali virtuali, accessibili a chiunque sia interessato, indipendentemente dalla propria posizione geografica.

Tuttavia, questa facilità di accesso e l'esposizione a una vasta gamma di culture porta con sé anche sfide, come il rischio di banalizzazioni o superficialità nella comprensione culturale. La possibilità di "visitare" virtualmente culture diverse senza un'immersione significativa può portare a una comprensione frammentaria o stereotipata di queste culture. Di conseguenza, è essenziale promuovere un approccio etico e informato all'esplorazione culturale nel metaverso, incoraggiando gli utenti a impegnarsi con rispetto e curiosità autentica.

In aggiunta, la normativa e la governance nel metaverso devono tenere conto della diversità culturale. Le politiche che governano questi spazi virtuali devono essere inclusive e considerare le varie norme e aspettative culturali degli utenti per evitare conflitti e garantire che tutti si sentano benvenuti e rispettati. Questo richiede un dialogo continuo tra sviluppatori, utenti ed esperti culturali per creare un ambiente equo e rappresentativo.

Guardando al futuro, il metaverso ha il potenziale di diventare un potente strumento di integrazione culturale, promuovendo una maggiore comprensione tra diverse popolazioni. Tuttavia, per realizzare questo potenziale, è necessario affrontare proattivamente le sfide e assicurare che il metaverso non solo rifletta, ma arricchisca anche la diversità del nostro mondo. Nel prossimo segmento, continueremo a esplorare come le interazioni nel metaverso possano influenzare i concetti di identità personale e collettiva in un mondo sempre più connesso.

## 8.3 Governi e il controllo del metaverso

Il metaverso sta rapidamente diventando un campo fertile per la riflessione e la reinterpretazione dei concetti di identità personale e collettiva. Questo ambiente virtuale, dove le possibilità di auto-rappresentazione sono praticamente illimitate, permette agli utenti di esplorare e sperimentare con vari aspetti della propria identità in modi che spesso superano le limitazioni del mondo fisico.

Nel metaverso, gli individui hanno l'opportunità di creare avatar che rappresentano versioni ideali, alternative o completamente fantasiose di sé stessi. Questa libertà può essere particolarmente emancipante, permettendo alle persone di esprimere lati della loro personalità che potrebbero sentirsi a disagio nel mostrare nel mondo reale, sia per motivi sociali che personali. Ad esempio, un individuo può scegliere di presentarsi in una forma che riflette più fedelmente il proprio senso di genere o identità etnica o sperimentare con espressioni completamente diverse da quelle abituali.

Questa capacità di sperimentare l'identità nel metaverso può avere effetti profondi sullo sviluppo personale. Gli utenti possono acquisire una maggiore consapevolezza di sé e una maggiore fiducia, man mano che esplorano diverse modalità di esistenza virtuale. Inoltre, l'interazione con una vasta gamma di identità diverse può aumentare l'empatia e la comprensione degli altri, poiché il metaverso facilita incontri e dialoghi tra persone di culture, background e orientamenti molto diversi.

Tuttavia, mentre il metaverso offre nuove opportunità per la costruzione dell'identità, esso solleva anche questioni complesse riguardo l'autenticità e la percezione della realtà. La facilità con cui le identità possono essere modificate o completamente reinventate nel metaverso può portare a una sfiducia generale nella veridicità delle interazioni online. Inoltre, la distinzione tra identità virtuale e reale può diventare sfocata, specialmente per gli utenti che trascorrono molto tempo nei mondi virtuali, portando a confusione o conflitti identitari.

Per fronteggiare efficacemente queste sfide, è essenziale sviluppare una comprensione equilibrata dell'identità nel metaverso. Gli utenti devono riflettere criticamente sull'importanza dell'autenticità e su come intendono rappresentare sé stessi online. Inoltre, è importante che ci sia un dialogo continuo sulla regolamentazione delle interazioni nel metaverso per garantire che queste rimangano rispettose e costruttive, supportando un ambiente in cui le persone possono esplorare ed esprimere le loro identità in modo sicuro e sostenibile.

Nel prossimo segmento, ci addentreremo ulteriormente nel futuro del metaverso, esaminando come le tecnologie emergenti potrebbero influenzare ulteriormente la nostra percezione dell'identità e della realtà, delineando scenari futuri che potrebbero trasformare ancora di più le nostre interazioni sociali e personali.

## 8.4 Proposte per una regolamentazione equa ed efficace

Man mano che esploriamo le implicazioni future del metaverso diventa chiaro che le tecnologie emergenti continueranno a ridefinire i confini tra il reale e il virtuale, influenzando profondamente la nostra percezione dell'identità e della realtà. La continua evoluzione del metaverso promette di portare innovazioni che potrebbero trasformare ulteriormente le nostre interazioni sociali e personali.

Uno degli sviluppi più significativi in questo contesto è il miglioramento della tecnologia di realtà aumentata (AR) e realtà virtuale (VR). Queste tecnologie stanno diventando sempre più sofisticate, offrendo esperienze immersive che sono quasi indistinguibili dalla realtà. Con visori VR e dispositivi AR che simulano perfettamente i sensi umani, gli utenti possono sperimentare mondi virtuali con un livello di realismo che sfida ogni precedente concezione di cosa sia possibile virtualmente. Questo ha il potenziale non solo di migliorare le modalità di intrattenimento e di apprendimento, ma anche di trasformare il modo in cui conduciamo incontri di lavoro, terapie mediche e altre attività quotidiane.

L'ascesa dell'intelligenza artificiale (IA) nel metaverso è un altro fattore chiave che influenzerà la nostra esperienza in questi ambienti virtuali. L'IA può personalizzare le interazioni virtuali in base alle preferenze e ai comportamenti degli utenti, creando esperienze che sono uniche per ogni individuo. Questo può rendere il metaverso uno strumento ancora più potente per l'esplorazione e l'espressione dell'identità, consentendo agli utenti di vedere e interagire con versioni digitali di sé stessi e degli altri che sono ottimizzate per le loro preferenze personali.

Tuttavia, con queste opportunità emergono anche nuove sfide etiche e pratiche. La crescente indistinguibilità tra esperienze reali e virtuali potrebbe complicare ulteriormente la nostra capacità di distinguere tra questi due mondi. Le questioni del consenso, della privacy e della sicurezza diventeranno ancora più critiche man mano che gli ambienti virtuali influenzano maggiormente la nostra vita reale. Sarà fondamentale sviluppare quadri legali e regolamentari che possano tenere il passo con la rapidità dell'innovazione tecnologica nel metaverso.

Inoltre, il rischio di disuguaglianze potenziate necessita di attenzione. Mentre il metaverso offre possibilità straordinarie, l'accesso a queste tecnologie non è uniforme globalmente. Assicurare che le persone di tutto il mondo abbiano le stesse opportunità di beneficiare del metaverso è essenziale per prevenire un divario digitale crescente.

Guardando al futuro, è chiaro che il metaverso ha il potenziale per rivoluzionare molti aspetti della società. Tuttavia, questo richiederà un impegno attento e concertato per garantire che le tecnologie emergenti siano utilizzate in modo che beneficino l'umanità nel suo insieme, piuttosto che creare nuovi problemi o esacerbare quelli esistenti. Nel prossimo segmento, considereremo come le comunità e le istituzioni possono collaborare per plasmare un metaverso che sia inclusivo, sicuro e arricchente per tutti.

## 8.5 Implicazioni internazionali: leggi e normative a confronto

Mentre il metaverso continua a svilupparsi, la necessità di una collaborazione efficace tra comunità e istituzioni per guidare e regolare questo nuovo spazio diventa sempre più evidente. L'adozione di un approccio collettivo può garantire che il metaverso non solo funzioni come una piattaforma tecnologica avanzata, ma che serva anche come un ambiente inclusivo e sicuro per tutti i suoi utenti.

Un aspetto cruciale della gestione del metaverso riguarda la definizione di standard etici e regolatori che possano orientare le interazioni all'interno di questi spazi virtuali. Questo include il trattamento di questioni complesse come la privacy, la sicurezza dei dati e la tutela contro comportamenti dannosi o abusivi. Le istituzioni, sia nel settore pubblico che privato, hanno il dovere di collaborare per creare un quadro normativo che protegga gli utenti senza soffocare l'innovazione. Questo può includere la promozione di trasparenza nelle operazioni del metaverso, garantendo che gli utenti comprendano chiaramente come i loro dati vengono utilizzati e quali diritti hanno in questi ambienti digitali.

Inoltre, è essenziale promuovere l'accessibilità e l'equità all'interno del metaverso. Mentre le opportunità offerte da queste tecnologie sono immense, l'accesso a tali tecnologie non è distribuito equamente a livello globale. La collaborazione tra governi, organizzazioni non governative e il settore privato può aiutare a superare le barriere economiche, tecnologiche e culturali che impediscono a molte persone di beneficiare del metaverso. Questo potrebbe includere l'investimento in infrastrutture digitali, programmi educativi che aumentano la consapevolezza digitale e la competenza, nonché iniziative che mirano a rendere la tecnologia più accessibile a livello di costi.

Un altro elemento importante è il supporto e il rafforzamento delle comunità all'interno del metaverso. Questo ambiente virtuale offre un nuovo spazio per la formazione di comunità basate su interessi, passioni o identità condivise. Fornire agli utenti gli strumenti per costruire e mantenere queste comunità può aiutare a garantire che il metaverso diventi un luogo di incontro e scambio culturale positivo. Questo può includere la creazione di moderazione e supporto all'interno delle piattaforme per assistere gli utenti nel gestire le interazioni in modo costruttivo e rispettoso.

Infine, mentre il metaverso evolve, è fondamentale mantenere un dialogo aperto e continuo tra gli sviluppatori di tecnologie, gli utenti, i policymaker e gli esperti di varie discipline. Questo dialogo può aiutare a identificare e affrontare rapidamente i problemi emergenti, garantendo che il metaverso si sviluppi in un modo che rispetti i diritti e promuova il benessere di tutti i suoi partecipanti.

Guardando al futuro, la collaborazione tra comunità e istituzioni sarà fondamentale per plasmare un metaverso che sia veramente benefico per la società nel suo insieme. Nel capitolo finale, rifletteremo sulle prospettive a lungo termine del metaverso e su come potremmo collettivamente influenzare il suo impatto sulla nostra realtà quotidiana.

# 9. Futuro del Metaverso

## 9.1 Proiezioni tecnologiche: cosa ci aspetta nei prossimi 10 anni

Mentre riflettiamo sulle possibilità future del metaverso, è chiaro che stiamo solo iniziando a grattare la superficie di quello che potrebbe diventare. Guardare avanti richiede un esame delle prospettive a lungo termine del metaverso e di come esso potrebbe influenzare non solo la nostra interazione quotidiana con la tecnologia, ma anche la struttura stessa della società umana.

Il metaverso promette di estendere le nostre capacità di interazione, aprendo nuovi spazi per la creatività, l'apprendimento, il lavoro e il gioco. Con la continua evoluzione della tecnologia VR e AR, gli ambienti virtuali diventeranno sempre più realistici e immersivi, rendendo le esperienze digitali indistinguibili da quelle reali. Questo potrebbe avere profonde implicazioni per come percepiamo la realtà e il nostro posto in essa, sfidando le nostre concezioni tradizionali di presenza e assenza.

Nel lungo termine, il metaverso potrebbe anche trasformare i concetti di economia e proprietà. Con la crescita delle economie virtuali, vedremo probabilmente un aumento della monetizzazione degli spazi digitali, dove tutto, dalla terra virtuale agli oggetti di design e ai servizi, può essere comprato, venduto e scambiato. Questo comporterà nuove forme di valore economico e potrebbe richiedere regolamentazioni innovative per gestire le complesse interazioni economiche che trascendono i confini nazionali tradizionali.

Un'ulteriore implicazione a lungo termine del metaverso è la sua capacità di influenzare l'istruzione e lo sviluppo professionale. Gli ambienti di apprendimento virtuali potrebbero diventare la norma, offrendo metodi di istruzione personalizzati e scalabili che potrebbero rivoluzionare il settore educativo. Gli studenti potrebbero sperimentare simulazioni storiche, esperimenti scientifici o pratiche artistiche in modi che oggi sono impossibili, rendendo l'apprendimento più coinvolgente e accessibile a un pubblico globale.

Tuttavia, questi sviluppi sollevano anche questioni etiche significative che dovranno essere affrontate. La privacy, la sicurezza dei dati e l'impatto psicologico di vivere in ambienti sempre connessi sono solo alcune delle preoccupazioni che dovremo esaminare attentamente. Sarà cruciale garantire che mentre il metaverso si espande, non esacerbi le disuguaglianze esistenti o crei nuove forme di esclusione o sfruttamento.

In definitiva, il metaverso sta delineando un futuro in cui le possibilità sono tanto vaste quanto i potenziali rischi. Mentre ci avviciniamo alla conclusione di questo libro, il prossimo capitolo esaminerà come potremmo affrontare questi cambiamenti in modo responsabile, cercando di massimizzare i benefici del metaverso per la società mentre minimizziamo i suoi pericoli.

## 9.2 Impatto ambientale del metaverso e sostenibilità

Nel contesto attuale, il metaverso rappresenta una frontiera di innovazione tecnologica con implicazioni profonde per la società. Tuttavia, il suo sviluppo sostenibile e responsabile richiede un'attenta considerazione delle sfide etiche, sociali e politiche che emergono. Mentre il metaverso promette rivoluzioni nei modi in cui viviamo, lavoriamo e interagiamo, è fondamentale adottare strategie che massimizzino i benefici per la società globale riducendo al contempo i rischi.

Un approccio responsabile al metaverso implica innanzitutto garantire la protezione della privacy e la sicurezza dei dati personali. Con una quantità crescente di informazioni personali che vengono scambiate e archiviate nel metaverso, diventa cruciale sviluppare sistemi robusti per proteggere gli utenti da violazioni e abusi. Le politiche di privacy devono essere trasparenti e facilmente comprensibili, permettendo agli utenti di avere un controllo completo sui loro dati e su come questi vengono utilizzati.

Inoltre, è essenziale promuovere l'equità e l'accessibilità nel metaverso. Ciò significa sviluppare tecnologie e piattaforme che siano accessibili a persone di tutte le età, capacità e background economici. L'accesso equo al metaverso è fondamentale per prevenire la creazione di un nuovo "digital divide" che potrebbe esacerbare le disuguaglianze sociali ed economiche esistenti. Le iniziative possono includere la fornitura di tecnologia a basso costo, la creazione di interfacce utente inclusive e la promozione di programmi educativi che aumentino la consapevolezza digitale e le competenze necessarie per partecipare pienamente al metaverso.

La questione della regolamentazione è altrettanto critica. Mentre il metaverso trascende i confini geografici, la necessità di una regolamentazione internazionale diventa evidente. È necessario un dialogo continuo tra governi, aziende e società civile per stabilire normative che proteggano gli utenti e promuovano un ambiente virtuale giusto ed etico. Queste regolamentazioni dovrebbero affrontare temi come la proprietà digitale, i diritti di espressione e le responsabilità delle piattaforme nel prevenire e gestire comportamenti nocivi.

Infine, è fondamentale incoraggiare una cultura di responsabilità etica tra gli sviluppatori e gli utenti del metaverso. Ciò include la promozione di standard etici nell'innovazione tecnologica, assicurando che le nuove applicazioni e i nuovi servizi siano progettati con considerazione delle loro implicazioni sociali più ampie. Gli sviluppatori dovrebbero essere incoraggiati a considerare non solo cosa è tecnologicamente possibile, ma anche cosa è eticamente giusto.

Affrontare questi compiti non è semplice, ma è essenziale per garantire che il metaverso evolva in modo che arricchisca la vita umana senza comprometterne la qualità o la dignità. Nel prossimo segmento, esploreremo ulteriori aspetti di come il metaverso possa essere modellato per promuovere un futuro positivo e inclusivo per tutti.

## 9.3 Potenziali sviluppi nell'integrazione tra IA e realtà virtuale

Man mano che il metaverso continua a espandersi e a diventare un elemento sempre più influente nella nostra vita quotidiana emerge chiaramente la necessità di sviluppare e implementare strategie che promuovano un futuro positivo e inclusivo per tutti gli utenti. Queste strategie dovrebbero concentrarsi non solo su come il metaverso può essere utilizzato per generare benefici economici e innovazione tecnologica, ma anche su come può contribuire a costruire una società più giusta e coesa.

Un elemento chiave per raggiungere questo obiettivo è garantire che il metaverso sia un luogo di inclusività. Questo significa progettare spazi virtuali che siano accessibili a persone con diverse capacità fisiche e cognitive. Ad esempio, gli sviluppatori possono utilizzare tecnologie assistive che aiutino gli utenti con disabilità visive o uditive a navigare e interagire nel metaverso. Inoltre, dovrebbero essere adottate politiche che promuovano la diversità culturale e di genere nei contenuti del metaverso, per assicurare che tutti gli utenti si vedano rappresentati e rispettati in questi spazi digitali.

La promozione dell'educazione e della consapevolezza digitale è un altro aspetto cruciale. Mentre il metaverso offre straordinarie opportunità di apprendimento e sviluppo, l'accesso a queste risorse non è automaticamente equo. Programmi educativi specifici dovrebbero essere messi a disposizione per insegnare agli utenti come muoversi nel metaverso in modo sicuro e responsabile, comprendendo i diritti digitali e le responsabilità. Questo tipo di educazione può aiutare a prevenire abusi e malintesi e a garantire che gli utenti siano ben preparati per sfruttare appieno le potenzialità del metaverso.

Inoltre, è fondamentale affrontare proattivamente i rischi legati alla privacy e alla sicurezza. Con l'aumento della quantità di dati personali raccolti nel metaverso, diventa imperativo implementare robuste misure di protezione dei dati. Questo include lo sviluppo di tecnologie che garantiscano la sicurezza delle informazioni degli utenti e che impediscano l'uso improprio di tali dati. Le politiche di privacy devono essere trasparenti e facilmente comprensibili, permettendo agli utenti di avere un controllo totale sulla loro informazione personale.

Infine, il metaverso dovrebbe essere visto come una piattaforma per il dialogo globale e la risoluzione dei conflitti. Fornendo uno spazio dove individui e comunità possono incontrarsi e scambiare idee senza le barriere del mondo fisico, il metaverso ha il potenziale per promuovere una migliore comprensione e cooperazione internazionale.

Guardando avanti, il successo del metaverso dipenderà non solo dalla sua capacità tecnologica, ma anche da come queste tecnologie vengono governate e utilizzate per promuovere un bene comune. Nel prossimo segmento, esploreremo ulteriori strategie per assicurare che il metaverso contribuisca a un futuro equo e sostenibile per tutte le persone.

## 9.4 Visioni utopiche e distopiche del futuro del metaverso

Mentre il metaverso si avvicina sempre più alla realtà quotidiana di molti, è fondamentale considerare le strategie che assicurano il suo contributo a un futuro equo e sostenibile per tutti. Una gestione oculata del metaverso può favorire una società più inclusiva e responsabile, ma richiede una riflessione profonda e un impegno attivo da parte di vari stakeholder.

Uno degli aspetti cruciali di questa gestione riguarda l'etica dell'innovazione. È essenziale che i creatori e gli sviluppatori del metaverso adottino una mentalità che dia priorità agli aspetti correlati all'etica oltre alla semplice fattibilità tecnica. Questo significa integrare considerazioni etiche fin dalle prime fasi di sviluppo dei prodotti e delle piattaforme del metaverso, per assicurare che le innovazioni promuovano rispetto e dignità per tutti gli utenti. Un approccio di design inclusivo e attento può prevenire problemi futuri e costruire un ambiente virtuale che rispetti la diversità e l'equità.

In aggiunta, la regolamentazione gioca un ruolo chiave nella governance del metaverso. I governi e le organizzazioni internazionali dovrebbero lavorare insieme per sviluppare leggi e norme che regolino le attività nel metaverso, proteggendo gli utenti da abusi e garantendo che nessun gruppo o individuo sia sfruttato. Queste regolamentazioni dovrebbero includere meccanismi di accountability e trasparenza, consentendo agli utenti di comprendere chiaramente come i loro dati vengono utilizzati e di avere un controllo effettivo su di essi.

Per realizzare un metaverso veramente equo e sostenibile, è anche vitale promuovere l'accessibilità. Questo include non solo l'accesso fisico alle tecnologie che permettono di partecipare al metaverso, ma anche l'accesso alle competenze necessarie per fronteggiarlo efficacemente. Programmi di educazione e formazione possono aiutare a colmare il divario digitale, assicurando che persone di tutti i background economici e culturali possano beneficiare delle opportunità offerte dal metaverso.

Infine, è importante incoraggiare un dialogo continuo tra tutti gli stakeholder del metaverso, inclusi utenti, sviluppatori, aziende, accademici e responsabili politici.

Questo dialogo dovrebbe essere focalizzato su come il metaverso possa essere utilizzato per affrontare sfide sociali importanti, come l'educazione, la salute mentale e la coesione sociale. La collaborazione tra queste diverse parti interessate può portare a soluzioni innovative che utilizzano il metaverso per il bene comune.

Nel complesso, queste strategie sono essenziali per garantire che il metaverso non solo avanzi tecnologicamente, ma contribuisca anche positivamente alla crescita e al miglioramento della società. Attraverso un impegno condiviso verso questi obiettivi, possiamo aiutare a plasmare un futuro in cui il metaverso arricchisca le nostre vite in modi responsabili ed etici. Nel prossimo segmento, esploreremo ulteriori considerazioni su come le comunità possono attivamente partecipare a questo processo, garantendo che le loro voci e le loro esigenze siano ascoltate e rispettate nel metaverso emergente.

## 9.5 Prepararsi al futuro: consigli per utenti e aziende

Il coinvolgimento attivo delle comunità è fondamentale per garantire che il metaverso sia uno spazio che rispetti e rifletta la diversità delle esperienze umane. Le comunità possono fornire insight preziosi e direzioni per lo sviluppo del metaverso, assicurando che sia costruito in modo inclusivo e rispondente alle esigenze di tutti i suoi utenti. Il loro contributo è essenziale per plasmare un ambiente virtuale che non solo sia tecnologicamente avanzato, ma anche socialmente giusto.

Le comunità locali, in particolare, possono avere un ruolo significativo nel monitoraggio dell'impatto del metaverso sulle relazioni sociali e culturali. Attraverso forum di discussione, sondaggi e piattaforme di feedback, gli utenti possono condividere le loro esperienze e preoccupazioni. Queste informazioni sono indispensabili per gli sviluppatori e i regolatori per comprendere come il metaverso influenzi la vita quotidiana e per apportare le necessarie modifiche e/o miglioramenti.

Inoltre, l'educazione e la formazione sono strumenti potenti che possono abilitare le comunità a partecipare più attivamente al metaverso. Programmi educativi dovrebbero essere messi a disposizione per insegnare ai cittadini non solo come muoversi nel metaverso, ma anche come contribuire al suo sviluppo. Questo potrebbe includere l'apprendimento su come creare contenuti, su come funzionano la privacy e la sicurezza nel metaverso e su come le proprie azioni possono influenzare l'ambiente virtuale. Questa formazione può aiutare a democratizzare il metaverso, rendendolo accessibile a un pubblico più ampio e diversificato.

La partecipazione delle comunità è anche cruciale nella creazione di politiche pensate ad hoc. Gli utenti del metaverso dovrebbero avere la possibilità di esprimersi nelle decisioni riguardanti la governance e la regolamentazione di questi spazi. Assemblee virtuali, votazioni online e gruppi consultivi possono essere metodi efficaci per raccogliere le opinioni della comunità e per assicurare che le politiche riflettano i bisogni e i desideri di una vasta gamma di stakeholder.

Infine, è vitale che le comunità collaborino con le istituzioni per affrontare questioni di etica, equità e accesso. Iniziative congiunte tra settori pubblici, privati e non profit possono affrontare le barriere all'accesso al metaverso, come i costi della tecnologia e la disponibilità di connessioni Internet affidabili. Questi sforzi congiunti possono garantire che il metaverso sia uno spazio aperto e accessibile a tutti, non limitato da barriere economiche o geografiche.

L'incoraggiamento all'engagement comunitario nel metaverso non solo arricchirà l'esperienza virtuale per tutti, ma contribuirà anche a garantire che il suo sviluppo proceda in modo responsabile e sostenibile. Proseguendo nel libro, discuteremo le prospettive di come queste collaborazioni possano formare la base per un futuro in cui il metaverso funge da catalizzatore per l'innovazione sociale e tecnologica.

# 10. Conclusione e Riflessioni Finali

## 10.1 Sommario dei punti chiave trattati nel libro

Mentre il metaverso continua a evolversi e a espandersi, emerge come un potente catalizzatore per l'innovazione sia tecnologica che sociale. Questo spazio digitale rivoluzionario non solo ha il potenziale di trasformare il modo in cui interagiamo, lavoriamo e giochiamo, ma può anche plasmare profondamente i modelli sociali e culturali del futuro.

Il metaverso offre una piattaforma unica per il dialogo interculturale e la comprensione globale. Grazie alla sua capacità di unire persone da tutto il mondo in un unico spazio virtuale, facilita un livello di interazione e condivisione che trascende le barriere geografiche. Questo ambiente aperto e globalmente accessibile permette agli utenti di esporre e condividere le proprie culture, idee e prospettive in modi mai visti prima. Questo scambio culturale può arricchire la comprensione e l'apprezzamento reciproco tra individui di diversi background, promuovendo la tolleranza e riducendo i pregiudizi.

Inoltre, il metaverso sta ridefinendo i concetti di formazione e apprendimento. Con ambienti di apprendimento virtuali che offrono esperienze immersive e interattive, gli studenti possono esplorare complessi scenari storici, scientifici o artistici che sarebbero altrimenti inaccessibili. Questo tipo di educazione esperienziale non solo rende l'apprendimento più coinvolgente, ma può anche migliorare significativamente la ritenzione delle informazioni e la comprensione degli argomenti trattati. Queste opportunità estendono l'istruzione oltre le tradizionali aule, rendendo l'apprendimento più flessibile e personalizzato.

Il metaverso ha anche il potenziale di rivoluzionare il mondo del lavoro. Con spazi di lavoro virtuali che permettono ai team di collaborare in tempo reale da diverse parti del mondo, le organizzazioni possono sfruttare talenti globali senza le restrizioni dei tradizionali uffici fisici. Questa flessibilità può portare a una maggiore efficienza e a costi operativi ridotti, mentre si favorisce un equilibrio lavoro-vita più sostenibile per i dipendenti, che possono modellare i loro ambienti di lavoro in base alle proprie esigenze specifiche.

Nonostante i suoi numerosi benefici, il metaverso presenta anche sfide significative, in particolare riguardo la privacy, la sicurezza dei dati e l'equità nell'accesso. Le misure per proteggere la privacy degli utenti e per garantire che il metaverso sia un ambiente sicuro e accogliente devono essere una priorità. Inoltre, è essenziale che le opportunità offerte dal metaverso siano accessibili a tutti, non solo a coloro che possono permettersi le ultime tecnologie.

Man mano che procediamo nel libro, esploreremo come queste sfide possano essere affrontate attraverso regolamentazioni intelligenti, innovazione continua e un impegno condiviso per la responsabilità sociale. Sarà fondamentale per le aziende, i legislatori e le comunità globali collaborare strettamente per garantire che il metaverso non solo avanzi come una frontiera tecnologica, ma anche come una forza trainante per il bene sociale e culturale. Nel prossimo segmento, approfondiremo ulteriormente come l'evoluzione del metaverso possa continuare a influenzare le strutture economiche, sociali e culturali, esaminando le strategie per una sua gestione efficace e giusta.

## 10.2 Il metaverso come specchio e amplificatore della società umana

L'espansione del metaverso solleva questioni cruciali sulla sua gestione e regolamentazione, necessitando di un approccio ponderato per assicurare che il suo sviluppo porti benefici equi e giusti per tutti. La regolamentazione del metaverso è complessa data la sua natura globale e digitale, che sfida i tradizionali confini legislativi e culturali. Affrontare efficacemente queste sfide richiederà un impegno coordinato tra vari attori globali, inclusi governi, aziende tecnologiche e società civile.

Uno degli aspetti più critici della regolamentazione del metaverso è garantire la privacy e la sicurezza dei dati. Con la crescente quantità di informazioni personali condivise e archiviate nel metaverso, diventa imperativo implementare standard rigorosi di protezione dei dati. Questo include non solo la sicurezza delle informazioni, ma anche la trasparenza su come vengono utilizzate e chi può accedervi. I regolatori devono lavorare per creare leggi che tengano conto delle nuove tecnologie e dei metodi di raccolta dei dati, assicurando che la privacy degli utenti sia sempre salvaguardata.

Inoltre, la regolamentazione deve affrontare le questioni di accessibilità e equità. Il metaverso non deve diventare un lusso accessibile solo a coloro che possono permettersi le ultime tecnologie, ma uno spazio inclusivo che offre uguali opportunità a tutti, indipendentemente dallo sfondo socioeconomico o geografico. Ciò significa promuovere politiche che incentivino l'accesso abbordabile alle tecnologie VR e AR e supportino infrastrutture internet che possano raggiungere anche le comunità più remote.

Un altro aspetto fondamentale della regolamentazione riguarda la gestione del contenuto nel metaverso. Mentre questo spazio virtuale è un fertile terreno per l'espressione creativa e la libertà di parola, è anche suscettibile a comportamenti dannosi come il cyberbullismo, la disinformazione e l'abuso online. Le politiche devono essere messe in atto per prevenire e rispondere a tali comportamenti, bilanciando la sicurezza degli utenti con il rispetto per la libertà di espressione.

Infine, la regolamentazione efficace del metaverso richiede una cooperazione internazionale. Poiché il metaverso trascende i confini nazionali, è essenziale che i paesi collaborino per sviluppare standard e norme condivisi che possano essere applicati globalmente. Questo aiuterà a prevenire che il metaverso diventi un terreno fertile per il crimine transnazionale e garantirà che i benefici di questa nuova tecnologia siano distribuiti equamente a livello mondiale.

Mentre procediamo nel libro, esploreremo ulteriormente le strategie pratiche attraverso le quali i governi, le aziende e le comunità possono collaborare per affrontare queste sfide, assicurando che il metaverso si evolva in un modo che sia responsabile, sicuro e benefico per tutti.

## 10.3 Riflessioni personali dell'autore sul futuro del metaverso

L'impatto del metaverso sulla società moderna è profondo e multiforme, portando con sé non solo nuove opportunità, ma anche nuove sfide che richiedono un'analisi approfondita e una risposta strategica collaborativa. Le tecnologie dietro il metaverso, come la realtà virtuale e la realtà aumentata, stanno ridisegnando le interazioni quotidiane, offrendo nuovi modi per lavorare, giocare e connettersi. Tuttavia, per garantire che il metaverso sia uno spazio equo e sicuro per tutti, è essenziale promuovere un dialogo aperto tra vari settori della società.

Uno degli aspetti più critici in questo dialogo è l'educazione e la consapevolezza pubblica. Mentre il metaverso diventa sempre più pervasivo, è vitale che tutti gli strati della popolazione comprendano le sue implicazioni—sia positive che negative. Questo include la comprensione delle potenziali minacce alla privacy, dei rischi di dipendenza e delle questioni di sicurezza che possono emergere in ambienti virtuali altamente immersivi. Programmi educativi e campagne di sensibilizzazione possono aiutare a informare il pubblico su come muoversi in modo sicuro nel metaverso, formare gli utenti sulle migliori pratiche di sicurezza e promuovere un uso responsabile di queste tecnologie.

Parallelamente, è fondamentale sviluppare una regolamentazione efficace che possa tenere il passo con l'evoluzione rapida delle tecnologie del metaverso. I regolatori devono collaborare con sviluppatori tecnologici, esperti legali e la comunità per creare un quadro normativo che protegga gli utenti senza soffocare l'innovazione. Le politiche dovrebbero concentrarsi su aspetti come la protezione dei dati personali, la governance delle transazioni economiche nel metaverso e la gestione di contenuti che potrebbero essere nocivi o inappropriati.

Inoltre, il dialogo deve includere la promozione dell'accesso equo al metaverso. Questo spazio digitale offre enormi potenzialità in termini di accesso all'istruzione, opportunità economiche e interazioni sociali che dovrebbero essere disponibili a tutti, indipendentemente dallo sfondo socioeconomico. Iniziative come la fornitura di tecnologia a costi accessibili e l'investimento in infrastrutture broadband possono aiutare a ridurre il divario digitale e promuovere un'inclusione più ampia.

Infine, è essenziale che ci sia una collaborazione internazionale per affrontare le sfide globali presentate dal metaverso. Le questioni sollevate da questa tecnologia non conoscono confini geografici e solo attraverso un approccio cooperativo e coordinato a livello mondiale possiamo sperare di navigare efficacemente le sue acque complesse.

In conclusione, mentre il metaverso continua a evolversi, solo un impegno collettivo verso la comprensione, la regolamentazione e l'educazione può garantire che le sue promesse di progresso tecnologico e sociale si realizzino in modo responsabile e inclusivo. Nel prossimo segmento, considereremo come questi sforzi collaborativi possano essere ulteriormente migliorati e quali passi possono essere presi per assicurare un futuro positivo per il metaverso.

## 10.4 Appello per un approccio consapevole e critico

Mentre il metaverso si espande, diventa sempre più chiaro che per sfruttare pienamente il suo potenziale e mitigare i rischi ad esso associati, è necessario un impegno collaborativo tra diversi settori della società. Questa collaborazione deve includere il governo, l'industria, le istituzioni educative e la società civile. Unendo le forze, possiamo creare un ambiente virtuale che non solo stimola l'innovazione tecnologica, ma promuove anche una società più equa e inclusiva.

Uno degli elementi chiave di questa collaborazione è la creazione di un quadro regolamentare solido e adattabile. Poiché il metaverso attraversa molteplici giurisdizioni legali e culturali, è necessario un approccio globale alla regolamentazione. Questo quadro dovrebbe proteggere gli utenti da abusi potenziali mantenendo al contempo uno spazio per l'innovazione e la crescita economica. Ad esempio, la legislazione dovrebbe indirizzare la privacy dei dati, la sicurezza cibernetica e le norme commerciali virtuali, garantendo che tutti gli utenti possano interagire nel metaverso in modo sicuro e fiducioso.

Inoltre, l'industria ha il compito di sviluppare tecnologie che siano non solo avanzate, ma anche accessibili e sicure. Le aziende tecnologiche dovrebbero lavorare a stretto contatto con i regolatori per garantire che i nuovi prodotti e servizi rispettino le normative vigenti e promuovano pratiche etiche. Inoltre, possono giocare un ruolo cruciale nell'educare gli utenti sulle pratiche sicure nel metaverso e nel fornire strumenti che aiutino a gestire e proteggere le loro identità e attività online.

L'educazione è un altro pilastro fondamentale per il successo del metaverso. Le istituzioni educative dovrebbero integrare nei loro curricula la formazione sulla realtà virtuale e aumentata, preparando gli studenti non solo a usare queste tecnologie, ma anche a comprendere le loro implicazioni sociali ed etiche. Questo tipo di educazione può aiutare a sviluppare una generazione di utenti informati e responsabili che possano muoversi nel metaverso con consapevolezza critica.

Infine, la società civile ha un ruolo essenziale nel monitorare e guidare lo sviluppo del metaverso. Le organizzazioni non governative, i gruppi di consumatori e gli attivisti possono fare pressione per politiche che proteggano la privacy degli utenti e promuovano un accesso equo al metaverso. Possono anche servire come "watchdog", garantendo che le promesse di equità e inclusività siano mantenute e che il metaverso non diventi uno strumento di esclusione o sfruttamento.

Guardando al futuro, è chiaro che un approccio collaborativo e multidisciplinare è essenziale per affrontare i complessi scenari che il metaverso presenta. Nel prossimo segmento, discuteremo ulteriormente le strategie specifiche che possono essere impiegate per assicurare che il metaverso contribuisca positivamente al progresso sociale e tecnologico.

## 10.5 Risorse e ulteriori letture per approfondire il tema del metaverso

Il futuro del metaverso rappresenta un'opportunità senza precedenti per il progresso tecnologico e sociale, ma per realizzare questo potenziale, è necessaria l'implementazione di strategie mirate ed efficaci. Queste strategie devono essere progettate per garantire che il metaverso sia un ambiente sicuro, equo e accessibile, che promuova l'inclusione e il rispetto per la diversità di tutti i suoi utenti.

Una strategia chiave è la promozione dell'accessibilità universale. Questo implica non solo rendere la tecnologia fisicamente accessibile attraverso prezzi ragionevoli e la disponibilità di hardware, ma anche assicurare che le interfacce utente e le esperienze nel metaverso siano progettate per essere inclusivi per persone con varie abilità e background culturali. Ciò richiede un impegno costante nell'innovazione del design, come lo sviluppo di controlli adattivi e la traduzione linguistica, per consentire a tutti di partecipare pienamente.

Un'altra strategia fondamentale è rafforzare la protezione della privacy e la sicurezza dei dati. Man mano che il metaverso diventa una parte sempre più integrante della vita quotidiana diventa imperativo proteggere le informazioni personali degli utenti da accessi non autorizzati o abusi. Le politiche di protezione dei dati devono essere rigorose e trasparenti, con meccanismi chiari per il consenso degli utenti e opzioni robuste per la gestione della privacy. Ciò include anche il rafforzamento delle infrastrutture di sicurezza cibernetica per proteggere gli utenti da attacchi, frodi e altre minacce.

La regolamentazione equa è altrettanto cruciale. Deve essere sviluppato un quadro normativo che bilanci efficacemente la promozione dell'innovazione con la tutela dei diritti degli utenti. Questo quadro dovrebbe essere il risultato di un dialogo aperto tra governi, industrie, esperti tecnologici e la società civile. Una regolamentazione efficace può prevenire l'abuso e garantire che il metaverso rimanga uno spazio di opportunità e non diventi un terreno di sfruttamento.

Infine, è essenziale sostenere la formazione continua (lifelong learning) e l'alfabetizzazione digitale. Gli utenti del metaverso dovrebbero avere accesso a risorse educative che li aiutino a comprendere come muoversi, interagire e trarre vantaggio da questo spazio digitale. La formazione può includere la sicurezza online, la consapevolezza dei diritti digitali e la formazione su come le tecnologie VR e AR funzionano e influenzano la percezione umana.

Implementando queste strategie, possiamo lavorare verso un metaverso che non solo avanzi in termini di innovazione tecnologica, ma che serva anche come un modello di inclusione, educazione e rispetto reciproco. Guardando avanti, il metaverso ha il potenziale per diventare un catalizzatore per un cambiamento sociale positivo, unendo le persone attraverso esperienze condivise che trascendono i confini fisici e culturali.

Se pensi che questo libro
ti sia piaciuto,
ti abbia catturato
o ti abbia appassionato
ti invito a condividere le tue riflessioni
con una breve recensione su Amazon!

Grazie,

Alan Byte

www.ingramcontent.com/pod-product-compliance
Lightning Source LLC
Chambersburg PA
CBHW071030240526
45469CB00006BD/2155